序 言

指定科目考試物理科已有十年的歷史，並考驗同學們可否具備物理知識，並運用及推理。要在物理科上獲得高分，便要**熟悉歷屆指考題型**，探尋命題軌跡，以收事半功倍之效。依據大考中心物理科的命題原則爲：物理學與測量、物質的組成、物質間的基本交互作用、能量、宇宙學簡介、力學、熱學、波動（含聲波）、光學、電磁學、近代物理及實驗等十二個主題。儘管每年考題重點不盡相同，但經過十年的累積，複習每年不同的考題重點，便可全力以赴指考物理。

本書彙集 91～100 年指定科目考試物理科試題與詳解，彙編成「歷屆指考物理科試題詳解」。每份試題都極具代表性，命題教授出題的目的在於，測驗考生是否瞭解物理考科的基本知識，及具備學習物理考科的實力。

本書編校製作過程嚴謹，但仍恐有缺失處，尚祈各界先進不吝來函指正爲荷。

編者 謹識

CONTENTS

100 年大學入學指定科目考試試題
物理考科

第壹部分：選擇題（佔 80 分）

一、單選題（60 分）

說明： 第 1 題至第 20 題，每題 5 個選項，其中只有 1 個是最適當的選項，畫記在答案卡之「選擇題答案區」。各題答對得 3 分，未作答、答錯、或畫記多於 1 個選項者，該題以零分計算。

1. 一條長度為 5.0 m、兩端固定的繩上所形成的駐波，其示意圖如圖 1。此駐波是由波形相同，但行進方向相反的二波重疊而成，此二波的波長為何？
   (A) 1.0 m
   (B) 1.5 m
   (C) 2.0 m
   (D) 2.5 m
   (E) 3.0 m

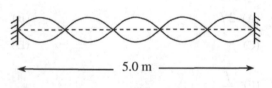

圖 1

2. 下列有關熱的敘述何者正確？
   (A) 當兩物體接觸時，熱量一定由溫度高的物體流向溫度低的物體
   (B) 互相接觸的兩物體在達到熱平衡後，一定含有相同的熱量
   (C) 溫度高的物體比溫度低的物體一定含有更多的熱量
   (D) 物體吸收熱量之後，其溫度一定會升高
   (E) 熱容量的因次與能量的因次相同

3. 一個物體掛在彈簧下，如圖 2 所示。當物體沿鉛直方向振動時，
其質心位置的最高點為甲，最低點為戊，
且物體的質心在甲點時，彈簧的長度大於
其自然長度。在振動過程中，彈簧作用在
此物體上的力在哪一點最小？

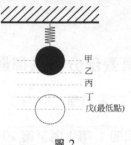

圖 2

(A) 甲　　　　　(B) 乙

(C) 丙　　　　　(D) 丁

(E) 戊

4. 假設繫住高空彈跳者的繩索可近似為質量可忽略的理想彈簧，而
空氣阻力亦可忽略。一彈跳者甲自高處鉛直落下，最後以頻率 f
作上下的小振幅簡諧振盪。若換成一個體重為甲的 2 倍之彈跳者
乙，以同一繩索重覆相同的過程，則乙最後作簡諧振盪的頻率為
下列何者？

(A) $2f$　　　　　　　　　　(B) $\sqrt{2}f$

(C) f　　　　　　　　　　(D) $\dfrac{f}{\sqrt{2}}$

(E) $\dfrac{f}{2}$

5. 質量為 2000 kg 的轎車，原本在水平地面上以等速度前進，接著
駕駛急踩煞車，使車輪迅速停止轉動，在車輪不轉的情況下，轎
車隨即減速滑行至靜止。若地面與輪胎間的動摩擦係數為 0.4，且
取重力加速度 $g = 10 \text{ m/s}^2$，則減速滑行時的加速度量值為多少？

(A) 0 m/s^2　　　　　　　　　(B) 0.4 m/s^2

(C) 4 m/s^2　　　　　　　　　(D) 80 m/s^2

(E) 800 m/s^2

6. 原來靜止於高處的質點，在時間 $t = 0$ 時沿水平方向被拋射出去，假設在其後的運動過程中僅受重力作用，且重力加速度爲定値。在質點落地前，其動量的量値 p 隨時間 t 的變化，可用圖 3 中的哪一條圖線來描述？

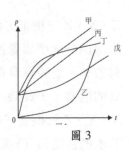
圖 3

(A) 甲　　(B) 乙　　(C) 丙　　(D) 丁　　(E) 戊

7. 已知某行星自轉週期爲 T，半徑爲 R。環繞它的某一衛星之圓軌道半徑爲 $32R$，繞行週期爲 $8T$。則環繞該行星運行的同步衛星，其圓軌道半徑應是多少？

(A) $16R$　　(B) $8R$　　(C) $4R$　　(D) $\sqrt{8}R$　　(E) $\sqrt{2}R$

8. 一個半徑爲 R、沒有大氣的星球，在其表面處的重力加速度爲 g。若由該星球表面以 $v = \sqrt{gR}$ 的初速，垂直向上發射一個沒有推進力的物體，則此物體上升的最高點與星球表面的距離，爲下列何者？

(A) $\dfrac{R}{4}$　　(B) $\dfrac{R}{2}$　　(C) R　　(D) $\dfrac{3R}{2}$　　(E) $2R$

9. 如圖 4 所示，水平光滑桌面上的甲球向右等速滑行，過程中無滾動，接著與靜置於桌邊的乙球作正向（面）彈性碰撞。碰撞後兩球各自落於水平地面上，落地過程中兩球僅受重力。已知甲、乙兩球半徑相同，質量分別爲 $2m$ 及 m，落地點與鉛直桌邊底部的

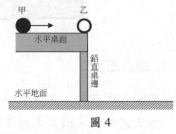
圖 4

水平距離分別爲 P 和 Q，則 $\dfrac{P}{Q}$ 之値爲何？

(A) 2　　(B) 1　　(C) $\dfrac{1}{2}$　　(D) $\dfrac{1}{4}$　　(E) $\dfrac{1}{8}$

10. X、Y、Z 三根上方開口的垂直管子，管內半徑之比為 1：2：1，底部由一水平導管連接成連通管，注入水後以質量可忽略的活塞封蓋著，並將質量為 M_X、M_Y 和 M_Z 的物體依序置於 X、Y、Z 三管的活塞上，此時三者的液面等高。當施一外力 F 於 M_X 上時，X、Y、Z 三根管子的液面高度分別為 h、$2h$ 和 $2h$，如圖 5 所示。若水的密度為 d，重力加速度為 g，則下列選項何者正確？

(A) 外力 F 對 X 管液面產生的壓力為 $\frac{1}{2}dgh$

(B) 外力 F 對 X 管液面產生的壓力為 dgh

(C) 外力 F 對 X 管液面產生的壓力為 $2dgh$

(D) $M_X：M_Y：M_Z = 1：2：1$

(E) $M_X：M_Y：M_Z = 1：8：1$

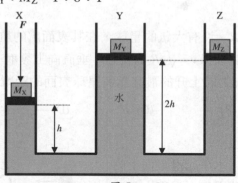

圖 5

11-12 題為題組

如圖 6 所示，一光束由甲介質進入乙介質，再進入丙介質，θ_1、θ_2 與 θ_3 為該光束與各界面的夾角。已知丙介質為空氣，其折射率為 1。

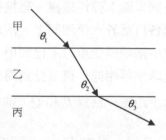

圖 6

11. 當 $\theta_1 = 45°$，$\theta_2 = 60°$, $\theta_3 = 30°$ 時，甲、乙兩介質的折射率 $n_甲$、$n_乙$ 分別為下列何者？

(A) $n_甲 = \dfrac{1}{\sqrt{2}}$, $n_乙 = \dfrac{1}{\sqrt{3}}$　　　　(B) $n_甲 = \sqrt{2}$, $n_乙 = \sqrt{3}$

(C) $n_甲 = \dfrac{1}{2}$, $n_乙 = \dfrac{1}{3}$　　　　(D) $n_甲 = 2$, $n_乙 = 3$

(E) $n_甲 = \sqrt{\dfrac{3}{2}}$, $n_乙 = \sqrt{3}$

12. 若光束在乙、丙間的界面發生全反射，則 $\sin\theta_1$ 的範圍為下列何者？

(A) $\sin\theta_1 \leq \dfrac{1}{\sqrt{2}}$　　　　(B) $\sin\theta_1 \leq \dfrac{1}{\sqrt{3}}$

(C) $\sin\theta_1 \leq \sqrt{\dfrac{2}{3}}$　　　　(D) $\sin\theta_1 \geq \dfrac{1}{\sqrt{3}}$

(E) $\sin\theta_1 \geq \dfrac{1}{\sqrt{2}}$

13. 以波長為 λ 的平行光，垂直入射單狹縫作繞射實驗。單狹縫的上端為甲，下端為乙，如圖 7 的示意圖所示。若圖中屏幕距狹縫極遠，且屏幕上 P 點為第二暗紋，則甲、乙二點到 P 點的光程差為下列何者？

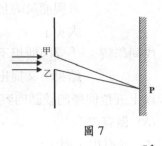

圖 7

(A) $\dfrac{\lambda}{2}$　　(B) λ　　(C) $\dfrac{3\lambda}{2}$　　(D) 2　　(E) $\dfrac{5\lambda}{2}$

14. 有兩個形狀與大小完全相同的實心圓柱體，分別由純矽與甲材質做成，下表為兩圓柱體的溫度、電阻及施加於其兩端的電壓關係。已知在 20℃ 時純矽的電阻率約為純鍺的 5000 倍，則甲材質在常溫下最可能是下列何者？

圓柱材質	溫度	圓柱兩端電壓	圓柱電阻
純矽	20℃	10V	1000kΩ
甲材質	20℃	10V	5Ω
甲材質	100℃	10V	3Ω

(A) 超導體 　　　　　　　　　(B) 絕緣體

(C) 金屬導體 　　　　　　　　(D) 純鍺半導體

(E) P 型或 N 型半導體

15. 五位同學談到他們最敬佩的科學家在近代物理上的貢獻：

甲同學說：「普朗克首提量子論，完整解釋黑體輻射能量分布的
　　　　　　實驗結果，開啓近代物理研究之門」

乙同學說：「拉塞福由 α 粒子的散射實驗，發現了原子核內的中
　　　　　　子與質子，使人類對原子核結構的了解更爲深入」

丙同學說：「侖琴發現 X 射線，對近代科學的發展及醫學上的應
　　　　　　用，貢獻極大」

丁同學說：「波耳依據德布羅依的物質波假說，提出氫原子角動
　　　　　　量與能量的量子化，使人類對原子結構的了解跨進一
　　　　　　大步」

戊同學說：「愛因斯坦不但以光量子說完美解釋光電效應的實驗
　　　　　　結果，又提出相對論，開啓近代物理的新頁」

以上五位同學的談話內容，正確的爲哪幾位？

(A) 僅有戊 　　　　　　　　　(B) 僅有甲、丙

(C) 僅有甲、丙、戊 　　　　　(D) 僅有甲、乙、丙、戊

(E) 甲、乙、丙、丁、戊

16. 日本福島核電廠因大地震及海嘯而產生核災變，凸顯核能發電與
　　其安全使用在現代生活上的重要性。$^{235}_{92}$U 原子核吸收熱中子後產生
　　核分裂，分裂後減損的質量轉換成能量而可用來發電。下列有關
　　核能基本知識的相關敍述，何者正確？

(A) 核衰變產生的 γ 射線、α 與 β 粒子，穿透物質能力的順序為
  $\gamma > \beta > \alpha$

(B) $^{235}_{92}U$ 原子核吸收熱中子後，每次核分裂後僅可釋出 1 個中子

(C) $^{235}_{92}U$ 原子核分裂後的碎片不再具有放射性

(D) 太陽輻射的能量主要來自核分裂反應

(E) $^{235}_{92}U$ 約佔天然鈾元素中的 99%

17-18 題為題組

有一個半徑為 10.0 cm 的金屬球體，遠離其他導體，而可將其表面的正電荷近似為均勻分布，經測得其表面與地面間的電位差為 1.0×10^3 V。已知庫侖常數 $k = 9\times10^9 N \cdot m^2/C^2$。

17. 此帶電金屬球在距其球心 1.0 cm 處的電場量值為多少 V/m ?
  (A) 0　　　　　　(B) 1.0×10^2　　　　　　(C) 1.0×10^3
  (D) 1.0×10^4　　　　(E) 1.0×10^5

18. 此金屬球上所帶的電量大小約為多少庫侖 ?
  (A) 1×10^{-4}　　　　(B) 1×10^{-5}　　　　(C) 1×10^{-6}
  (D) 1×10^{-7}　　　　(E) 1×10^{-8}

19. 圖 8 所示，一條細長的直導線與水平桌面垂直，桌面上平放的小磁針沿桌面到導線的距離 $R = 10$ cm。設導線未通電流時，小磁針保持水平且其 N 極指向北方；而當導線上的直流電流為 I 時，小磁針 N 極與北方的夾角為 θ。當 R 改為 20 cm 時，若欲使小磁針 N 極與北方的夾角仍為 θ，則導線的電流大小必須調整成下列何者 ?
  (A) $I/4$　　(B) $I/2$　　(C) I　　(D) $2I$　　(E) $4I$

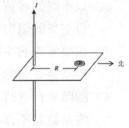

圖 8

20. 如圖 9 所示，xy 平面上有一半徑為
a 的圓形細線圈，其上的電荷線密度
λ（即每單位長度的電量）均相同。
當線圈以 ω 的等角速度繞通過圓心且
垂直 xy 平面的轉軸轉動時，則線圈
上所產生的電流 I 為下列何者？

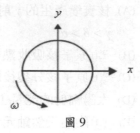

圖 9

(A) $\dfrac{a\lambda}{\omega}$　　(B) $a\lambda\omega$　　(C) $\dfrac{2\pi a\lambda}{\omega}$　　(D) $\dfrac{\lambda\omega}{a}$　　(E) $\dfrac{a\lambda\omega}{2\pi}$

二、多選題（20 分）

說明：　第 21 題至第 24 題，每題有 5 個選項，其中至少有 1 個是正確
的選項，選出正確選項畫記在答案卡之「選擇題答案區」。各
題之選項獨立判定，所有選項均答對者，得 5 分；答錯 1 個選
項者，得 3 分，答錯 2 個選項者，得 1 分，所有選項均未作答
或答錯多於 2 個選項者，該題以零分計算。

21. 某人於無風的狀態下在水平路面上沿一直線騎腳踏車。若輪胎與
路面間的靜摩擦係數大於動靜摩擦係數，則下列有關其騎車過程
的敘述，哪些是正確的？

(A) 以不同的等速行進時，車速越快越費力，主要是需要克服來
自空氣的阻力

(B) 如果考慮的系統包括人和腳踏車，則腳踏車行進時，系統的
動量是守恆的

(C) 腳踏車行進時，地面與輪胎間的正向力，對人和腳踏車構成
的系統並不作功

(D) 腳踏車行進時，地面與輪胎間如有滑動，則動摩擦力對人和
腳踏車構成的系統並不作功

(E) 如果考慮的系統包括人、腳踏車和地球，則腳踏車在加速、
減速時，整個系統的力學能是守恆的

22. 圖 10 為某生做「波以耳定律」實驗，以密閉容器內氣體壓力 P 為
縱坐標，體積 V 的倒數為橫坐標所作的數據圖，在 1、2、3 三種
不同的狀況下，得到斜率不同的圖形。若以 n_1、n_2、n_3 與 T_1、T_2、
T_3 分別代表三種情況下的氣體分子莫耳數與氣體溫度，則下列有
關容器內氣體狀態的敘述，哪些是正確的？

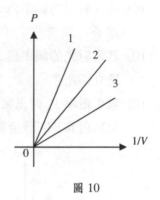

(A) 若溫度 $T_1 = T_2 = T_3$，則氣體分子
莫耳數的關係為 $n_1 < n_2 < n_3$

(B) 若溫度 $T_1 = T_2 = T_3$，則氣體分子
莫耳數的關係為 $n_1 > n_2 > n_3$

(C) 若莫耳數 $n_1 = n_2 = n_3$，則氣體溫
度的關係為 $T_1 > T_2 > T_3$

(D) 若莫耳數 $n_1 = n_2 = n_3$，則氣體溫
度的關係為 $T_1 < T_2 < T_3$

(E) 若溫度一定，且莫耳數一定，
則氣體的壓力 P 與體積 V 成反比

圖 10

23. 一螺線管置於一固定金屬板的正
上方一小段距離處，螺線管通有
電流 I，電流方向如圖 11 所示。
下列哪些情況，可使金屬板產生
逆時針方向（如圖）的感應渦電
流？

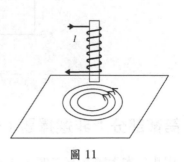

圖 11

(A) 電流 I 及螺線管的位置均不變動

(B) 螺線管不動，但其電流 I 逐漸增大

(C) 螺線管不動，但其電流 I 逐漸減小

(D) 電流 I 不變，但使螺線管垂直向下移動

(E) 電流 I 不變，但使螺線管垂直向上移動

24. 有一光電效應實驗，以不同頻率 f 的光入射同一金屬表面，並測量與各頻率對應的截止電壓 V_s，所得結果如圖 12 所示，若 h 代表普朗克常數，$-e$ 代表電子電荷，下列敘述哪些是正確的？

(A) 截止電壓 V_s 對光頻率 f 的關係為一直線，其斜率為 $\dfrac{h}{e}$

(B) 截止電壓 V_s 對光頻率 f 的關係為一直線，其斜率為 eh

(C) 若入射光的頻率為 3×10^{14} Hz，則需較長時間照射方能產生光電子

(D) 若入射光的頻率為 5×10^{14} Hz，則即使光強度很弱，光電子仍能立即產生

(E) 截止電壓 V_s 對光頻率 f 的關係為一直線，且此直線與橫軸的交點為 f_0，則該金屬的功函數為 hf_0

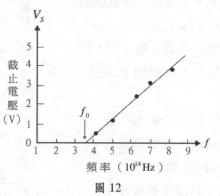

圖 12

第貳部分：非選擇題（佔 20 分）

說明： 本大題共有二題，<u>作答務必使用筆尖較粗之黑色墨水的筆書寫，且不得使用鉛筆。</u>答案必須寫在「答案卷」上，並於題號欄標明題號（一、二）與子題號（1、2、3…）。作答時不必抄題，但必須寫出計算過程或理由，否則將酌予扣分。每題配分標於題末。

一、 某生在物理實驗室做「氣柱的共鳴」
實驗，儀器裝置如圖 13 所示，包括
鉛直豎立的細玻璃圓筒、儲水器、
連通管、支架、音叉、擊槌、橡皮
筋等。細玻璃圓筒的管長約 75 cm，
其上並附有刻度尺，且玻璃圓筒的
管口位置刻度為零。將頻率為 620Hz
的振動音叉置於管口上方，再上下移

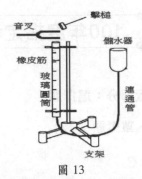

圖 13

動儲水器以調整玻璃圓筒中的水面高低，實驗上測得產生共鳴
的水面刻度有三，分別為 13.0、41.0 與 69.0 cm。

1. 依據題目所給定的產生共鳴時水面刻度的實驗數據，在答案
   卷作圖區畫出玻璃圓筒中空氣分子的位移出現波腹與波節的
   位置，並標示其刻度。（4 分）

2. 依據題目所給定的產生共鳴時水面刻度的實驗數據，計算當
   時的聲速。（3 分）

3. 若使用某一音叉卻始終無法找到任何共鳴的位置，應該是什
   麼原因造成的？（3 分）

二、 有一個斜角為 θ、長度為 L 的固定斜面，
其底端設有一與斜面垂直的牆面，如圖
14 所示。一個質量為 m 的小木塊從斜
面上端滑下，其初速度為零。小木塊滑

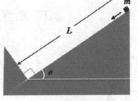

圖 14

至斜面底端與牆面發生彈性碰撞，設小木塊與斜面間的動摩擦
係數為 μ，重力加速度為 g。

1. 求小木塊從斜面上端滑到斜面底端時，碰撞前瞬間的動能。
   （4 分）

2. 計算第一次碰撞牆面後，小木塊沿斜面向上滑行的加速度。
   （3 分）

3. 計算第一次碰撞牆面後，小木塊沿斜面向上滑行的最大距離。
   （3 分）

100年度指定科目考試物理科試題詳解

第壹部分：選擇題

一、單選題

1. **C**

   【解析】　由圖可知：$2.5\lambda = 5.0\,[\text{m}] \Rightarrow \lambda = 2.0\,[\text{m}]$

2. **A**

   【解析】　(B) 達熱平衡後，兩物不一定含有相同的熱量

   　　　　　(C) 不一定

   　　　　　(D) 吸收熱量後，其溫度不一定會升高。例如：0°C的
   　　　　　　　冰吸熱後變成0°C的水

   　　　　　(E) 熱容量單位為[cal/°C]，而能量單位為[J]，

   　　　　　　　∴由單位可知其因次不同

3. **A**

   【解析】　彈力 $F_s = kx$，x 為變形量，由題意所求彈力最小之位置，
   　　　　　即 x 最小之處，故由圖可知，甲點時 x 最小，則此處彈
   　　　　　力最小

4. **D**

   【解析】　由 SHM 之頻率 $f = \dfrac{1}{2\pi}\sqrt{\dfrac{k}{m}} \propto \dfrac{1}{\sqrt{m}}$

$$\therefore \frac{f_乙}{f_甲}=\sqrt{\frac{m_甲}{m_乙}}\Rightarrow \frac{f_乙}{f}=\sqrt{\frac{1}{2}}=\frac{1}{\sqrt{2}}\Rightarrow f_乙=\frac{f}{\sqrt{2}}$$

5. **C**

【解析】　由 $\sum F=ma\Rightarrow f_k=ma\Rightarrow \mu_k N=ma\Rightarrow \mu_k mg=ma$

$\therefore a=\mu_k g=0.4\times 10=4\,[\text{m/s}^2]$

6. **E**

【解析】　平拋過程中其速度量值 $v=\sqrt{v_0^2+(gt)^2}$

所以動量量值 $P=mv=m\sqrt{v_0^2+(gt)^2}$

故 P、t 為正相關，但並非直線方程，故為戊圖

7. **B**

【解析】　同步衛星之週期＝行星之自轉週期 T

由克卜勒第三定律：$\dfrac{R^3}{T^2}$＝定值

$\therefore \dfrac{r^3}{T^2}=\dfrac{(32R)^3}{(8T)^2}\Rightarrow r=8R$

8. **C**

【解析】　$\because$ 只有重力作功 $\Rightarrow$ 力學能守恆

$\dfrac{1}{2}m(\sqrt{gR})^2+(-\dfrac{GMm}{R})=0+(-\dfrac{GMm}{R+h})$，其中 $g=\dfrac{GM}{R^2}$

$\Rightarrow \dfrac{GMm}{2R}-\dfrac{GMm}{R}=-\dfrac{GMm}{R+h}\Rightarrow -\dfrac{GMm}{2R}=-\dfrac{GMm}{R+h}$

$\therefore h=R$

9. **D**

【解析】 (1) 甲與乙作正向彈性碰撞，由碰撞後速度公式可得：

$$\vec{v}_1' = 2\vec{v}_c - \vec{v}_1 = 2 \times \frac{2m\vec{v}_1}{2m+m} - \vec{v}_1 = \frac{1}{3}\vec{v}_1 \; ;$$

$$\vec{v}_2' = 2\vec{v}_c - \vec{v}_2 = 2 \times \frac{2m\vec{v}_1}{2m+m} - 0 = \frac{4}{3}\vec{v}_1$$

(2) 甲與乙皆作平拋，水平距離 $x = v_0 t$ (v_0 為水平初速)

而 $t = \sqrt{\dfrac{2h}{g}}$　∵甲與乙的 h 皆相同　∴t 相同

故所求水平距離 $x \propto v$

$$\therefore \frac{P}{Q} = \frac{v_1'}{v_2'} = \frac{\dfrac{1}{3}v_1}{\dfrac{4}{3}v_1} = \frac{1}{4}$$

10. **B**

【解析】 (1) 由題意可知：當三者液面等高時，壓力平衡：

$$\frac{M_X g}{\pi(r)^2} = \frac{M_Y g}{\pi(2r)^2} = \frac{M_Z g}{\pi(r)^2}$$

$$\therefore M_X : M_Y : M_Z = 1 : 4 : 1$$

(2) 由圖可知：$\dfrac{F}{\pi r^2} + \dfrac{M_X g}{\pi r^2} = \dfrac{M_Z g}{\pi r^2} + dgh$ ，

而 $\dfrac{M_X g}{\pi r^2} = \dfrac{M_Z g}{\pi r^2}$

$$\therefore \frac{F}{\pi r^2} = dgh$$

11. **E**

【解析】

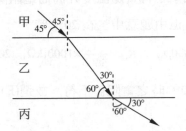

由折射定律：$n_1 \sin\theta_1 = n_2 \sin\theta_2 \Rightarrow$

乙 → 丙：$n_乙 \times \sin 30° = 1 \times \sin 60° \Rightarrow n_乙 = \sqrt{3}$

甲 → 乙：$n_甲 \times \sin 45° = \sqrt{3} \times \sin 30° \Rightarrow n_甲 = \sqrt{\dfrac{3}{2}}$

12. **B**

【解析】　欲在乙、丙界面發生全反射，則

$n_甲 \sin(90° - \theta_1) = n_乙 \sin(90° - \theta_2) \geq 1 \times \sin 90°$

本題 $v_0 = 0$

$\Rightarrow \sqrt{\dfrac{3}{2}} \sin(90° - \theta_1) \geq 1 \Rightarrow \cos\theta_1 \geq \sqrt{\dfrac{2}{3}}$　∴ $\sin\theta_1 \leq \dfrac{1}{\sqrt{3}}$

13. **D**

【解析】　單狹縫繞射：$\left| \overline{PS_甲} - \overline{PS_乙} \right| = n\lambda$ ……暗紋

由題意：$n = 2$

∴ 光程差 $= 2\lambda$

14. **E**

【解析】　由數據表可知：甲材質隨溫度升高而電阻降底，則甲可

能爲半導體，但由題意中，在 20℃時，

電阻率 $\rho_{矽} = 5000\rho_{鍺}$ $\therefore R_{鍺} = \dfrac{1}{5000} \times 1000[k\Omega] = 200[\Omega]$ ，

與甲材質在 20℃時之電阻值不符，故選(E)

15. **C**

【解析】　(1) 拉塞福發現了原子核內的質子，而中子爲查兌克所

發現

(2) 物質波提出年代在波耳原子結構之後

16. **A**

【解析】　(B) 可同時釋放 2~3 個中子

(C) 具有放射性

(D) 核融合反應

(E) 約佔 0.72%

17. **A**

【解析】　∵靜電平衡之金屬導體內部電場爲零

18. **E**

【解析】　靜電平衡之金屬導體內部電位＝表面電位

由 $V = \dfrac{kQ}{r} \Rightarrow 1.0 \times 10^3 = \dfrac{9 \times 10^9 \times Q}{0.1} \Rightarrow Q = \dfrac{1}{9} \times 10^{-7} \approx 10^{-8}[C]$

19. **D**

【解析】 由無限長直導線電流所產生之磁場 $B = \dfrac{\mu_0 I}{2\pi R}$

∵磁針 N 極偏轉方向不變 ⇒ 則 B 不變

∴ $I \propto R$，故 R 變 2 倍，則電流變 2 倍為 $2I$

20. **B**

【解析】 由 $I = \dfrac{\Delta Q}{\Delta t} = \dfrac{\lambda \times 2\pi a}{T} = \dfrac{\lambda \times 2\pi a}{2\pi / \omega} = a\lambda\omega$

二、多選題

21. **AC**

【解析】 (B) 有外力(摩擦力)作用，動量不一定守恆，(B) 錯

(D) 動摩擦力抵抗輪胎與地面之間的滑動，作負功，(D)錯

(E) 加速或減速均有非保守力作功，力學能不守恆，(E) 錯

22. **BCE**

【解析】 由 $PV = nRT \Rightarrow P = nRT \times \dfrac{1}{V}$，可知 P 對 $\dfrac{1}{V}$ 圖斜率為 nRT

若 n 相同，則斜率愈大，T 愈大

若 T 相同，則斜率愈大，n 愈大

∴ (A)(D)錯，(B)(C)正確，(E)即波以耳定律，正確

23. **BD**

【解析】　由冷次定律可知，欲形成逆時針方向感應渦電流，板上磁通量需向下增加，或向上減少，故選(B)(D)

24. **ADE**

【解析】　由光電方程式：$eV_s = hf - W \Rightarrow V_s = \dfrac{h}{e} \times f - \dfrac{W}{e}$

故 $V_s - f$ 圖斜率為 $\dfrac{h}{e}$，(A)正確，(B)錯

光源頻率需大於底限頻率(f_0)方能形成光電子與光源強度無關，(C)錯，(D)正確

第貳部分：非選擇題

一、【答案】(1) 略

(2) $347.2\,[\text{m}/\text{s}]$

(3) 略

【解析】(1) 由圖所示

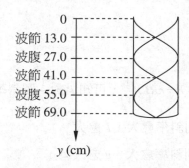

(2) 相鄰兩波節之距離 $41.0 - 13.0 = \dfrac{\lambda}{2} \Rightarrow \lambda = 56.0\,[\text{cm}]$

$$\therefore 波速\, v = f \times \lambda = 620 \times 56.0 = 34720[\text{cm/s}] = 347.2[\text{m/s}]$$

(3) 應該是所選用的音叉頻率太低，所產生之聲波波長
太長，以至於在管長 75cm 的範圍內找不到共鳴點

二、【答案】 (1) $mgL(\sin\theta - \mu\cos\theta)$

(2) $g(\sin\theta + \mu\cos\theta)$，方向為沿斜面向下

(3) $S = \dfrac{\sin\theta - \mu\cos\theta}{\sin\theta + \mu\cos\theta} \times L$

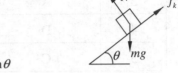

【解析】 (1) 如圖

木塊之下滑力：$mg\sin\theta$

所受之動摩擦力 $f_k = \mu N = \mu mg\cos\theta$

由功能定理可知

所求即下滑過程中，下滑力與動摩擦力所做之總功

即為木塊之動能 E_k

$\Rightarrow E_k = mg\sin\theta \times L - \mu mg\cos\theta \times L = mgL(\sin\theta - \mu\cos\theta)$

(2) 向上滑行時，動摩擦力方向沿斜面向下

由牛頓第二定律 $\sum \vec{F} = m\vec{a}$

$mg\sin\theta + \mu mg\cos\theta = ma \Rightarrow a = g(\sin\theta + \mu\cos\theta)$，

方向為沿斜面向下

(3) 令可上滑之最大距離為 S，因為彈碰，故碰後瞬間

小木塊之動能即 1 小題之動能由功能定理可知

$-mg\sin\theta \times S - \mu mg\cos\theta \times S = 0 - mgL(\sin\theta - \mu\cos\theta)$

$\Rightarrow S = \dfrac{\sin\theta - \mu\cos\theta}{\sin\theta + \mu\cos\theta} \times L$

100 學年度指定科目考試（物理）

大考中心公佈答案

題　號	答　　案	題　號	答　　案
1	C	16	A
2	A	17	A
3	A	18	E
4	D	19	D
5	C	20	B
6	E	21	AC
7	B	22	BCE
8	C	23	BD
9	D	24	ADE
10	B		
11	E		
12	B		
13	D		
14	E		
15	C		

100 學年度指定科目考試
各科成績標準一覽表

科　目	頂　標	前　標	均　標	後　標	底　標
國　文	71	66	59	50	42
英　文	79	69	51	33	23
數學甲	82	71	51	32	20
數學乙	86	75	55	34	22
化　學	75	66	51	37	29
物　理	83	73	53	34	25
生　物	77	69	54	41	32
歷　史	77	70	59	48	39
地　理	71	66	58	48	40
公民與社會	77	72	64	55	48

※ 以上五項標準均取為整數（小數只捨不入），且其計算均不含缺考生之成績，
　計算方式如下：
　頂標：成績位於第 88 百分位數之考生成績。
　前標：成績位於第 75 百分位數之考生成績。
　均標：成績位於第 50 百分位數之考生成績。
　後標：成績位於第 25 百分位數之考生成績。
　底標：成績位於第 12 百分位數之考生成績。

例：　某科之到考考生為 99982 人，則該科五項標準為

　　頂標：成績由低至高排序，取第 87985 名（99982×88%=87984.16，取整數，
　　　　　小數無條件進位）考生的成績，再取整數(小數只捨不入)。

　　前標：成績由低至高排序，取第 74987 名（99982×75%=74986.5，取整數，
　　　　　小數無條件進位）考生的成績，再取整數(小數只捨不入)。

　　均標：成績由低至高排序，取第 49991 名（99982×50%=49991）考生的成績，
　　　　　再取整數(小數只捨不入)。

　　後標：成績由低至高排序，取第 24996 名（99982×25%=24995.5，取整數，
　　　　　小數無條件進位）考生的成績，再取整數(小數只捨不入)。

　　底標：成績由低至高排序，取第 11998 名（99982×12%=11997.84，取整數，
　　　　　小數無條件進位）考生的成績，再取整數(小數只捨不入)。

心得筆記欄

九十九年大學入學指定科目考試試題
物理考科

物理常數

計算時如需要可利用下列數值：

重力加速度量值 $g = 9.8 \text{ m/s}^2$

電子質量 $m_e = 9.11 \times 10^{-31} \text{ kg}$

普朗克常數 $h = 6.63 \times 10^{-34} \text{ J} \cdot \text{s}$

基本電量 $e = 1.6 \times 10^{-19} \text{ C}$

真空磁導率 $\mu_0 = 4\pi \times 10^{-7} \text{ T} \cdot \text{m/A}$

庫侖常數 $k = 9.0 \times 10^9 \text{ N} \cdot \text{m}^2/\text{C}^2$

空氣折射率 $n_A = 1.0$

理想氣體常數 $R = 8.3 \text{ J/mole} \cdot \text{K}$

真空光速 $c = 3 \times 10^8 \text{ m/s}$

第壹部分：選擇題（佔 80 分）

一、單選題（60 分）

說明：第 1 題至第 20 題，每題選出一個最適當的選項，標示在答案
卡之「選擇題答案區」。每題答對得 3 分，答錯或劃記多於一
個選項者倒扣 3/4 分，倒扣到本大題之實得分數為零為止。
未作答者，不給分亦不扣分。

1. 一重物以細繩固定於均勻木棒中心點，整個系統總重量為 mg。
甲、乙兩人站在斜坡上，從木棒兩端鉛直向上提起重物而達靜力
平衡，如圖 1 所示。甲、乙兩人的施力量值分別為 $F_甲$ 與 $F_乙$，則

下列敘述何者正確？

(A) $F_甲 < F_乙$ 且（$F_甲 + F_乙$）$< mg$

(B) $F_甲 < F_乙$ 且（$F_甲 + F_乙$）$= mg$

(C) $F_甲 < F_乙$ 且（$F_甲 + F_乙$）$> mg$

(D) $F_甲 = F_乙$ 且（$F_甲 + F_乙$）$= mg$

(E) $F_甲 > F_乙$ 且（$F_甲 + F_乙$）$> mg$

圖 1

2. 光碟表面以凹點記錄訊息，其放大側視的示意圖如圖 2 所示。圖中讀取訊號的雷射光束中之甲與乙兩光線在經過光碟表面反射之後，疊加成為建設性干涉。如果丙與丁兩光線可疊加成為破壞性干涉，則凹點底部的深度可為雷射光束波長的多少倍？

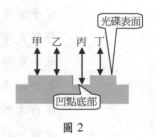

圖 2

(A) 2　　　　(B) 3/2　　　　(C) 1

(D) 1/2　　　(E) 1/4

3. 在正常使用下，平行板電容器的電容 C 與兩極板間電位差 V 的關係為下列何者？

(A) C 與 V 的二次方成正比　　(B) C 與 V 的一次方成正比

(C) C 與 V 無關　　　　　　　(D) C 與 V 的一次方成反比

(E) C 與 V 的二次方成反比

4. 近年來奈米科技發達，市場上有許多奈米商品，下列有關奈米尺度的敘述何者<u>錯誤</u>？

(A) 類似於使蓮花葉面不沾濕的奈米結構可用來設計表面不沾濕或不沾垢的材料。

(B) 當物質尺寸縮小到奈米大小時，可能需採用量子物理的觀點來描述該物質的特性。

(C) 當物質尺寸縮小到奈米大小時，有可能出現嶄新的化學材料或是物理特性。

(D) 同樣質量的藥粉，若藥粉顆粒的尺寸從微米尺度加工製作成為奈米尺度的顆粒，加工製作前後，藥粉整體的總表面積不變。

(E) 一奈米等於 10^{-9} 公尺。

5. 如圖 3 所示，先將質量 M 為 1.5kg 的金屬板置於光滑水平面上，再將質量 m 為 0.5kg 的木塊置於金屬板上，金屬板與木塊之間的靜摩擦係數為 μ_s。今施一漸增的外力 F 沿水平方向拉動木塊 m，當木塊與金屬板間開始相對滑動時，F 恰為 7.8N，則 μ_s 值最接近下列何者？

(A) 1.2　　(B) 0.8　　(C) 0.4

(D) 0.2　　(E) 0.05

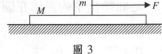

圖 3

6. 一車廂的天花板上有一 P 點，其正下方的地板上為 Q 點，兩點的垂直距離為 3m，該車廂以固定的水平速度 v 往右直線前進，如圖 4 所示。在某時刻，一小球甲從 P 點相對於車廂自靜止自由落下，當甲球下墜至與 P 點的垂直距離為 1m 時，另一顆小球乙也從 P 點相對於車廂自靜止自由落下。若空氣阻力可忽略，當甲球恰落於車廂地板瞬間，下列敘述何者正確？

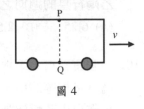

圖 4

(A) 甲球落於 Q 點，此時兩球高度差的量值大於 1m

(B) 甲球落於 Q 點，此時兩球高度差的量值等於 1m

(C) 甲球落於 Q 點，此時兩球高度差的量值小於 1m

(D) 甲球落於 Q 點左方，此時兩球高度差的量值大於 1m

(E) 甲球落於 Q 點左方，此時兩球高度差的量值等於 1m

7. 圖 5 為在水平面上的高架工作車示意圖，車體質量為 M（不含支架），質心恰在前輪軸正上方，前後輪軸間距為 a。均質支架質量為 $M/8$，支架底端的支點恰在後輪軸正上方。支架頂端工作台與人員總質量為 $M/4$，質心恰在支架頂端正上方。設工作時支架與鉛垂線的夾角為 $30°$，要使車體不至翻覆，支架長度最大可為多少？

圖 5

   (A) $8a$　　(B) $32\,a/5$　　(C) $16\,a/3$　　(D) $16\,a/5$　　(E) $a/8$

8. 一質點以 O 為圓心在一水平面上作等速率圓周運動，其速率為 v，如圖 6 所示。甲、乙、丙、丁、戊皆在圓周上，如果以丁點為參考點測量質點的角動量，則該質點角動量時間變化率的量值在圖 6 中哪一處最大？

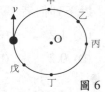

圖 6

   (A) 甲　　　　(B) 乙　　　　(C) 丙
   (D) 丁　　　　(E) 戊

9. 甲行星的質量是乙行星的 25 倍，兩衛星分別以半徑為 $R_甲$、$R_乙$ 的圓軌道繞行甲、乙兩行星。若 $R_甲/R_乙 = 4$，則兩衛星分別繞行甲、乙兩行星的週期之比值 $T_甲/T_乙$ 為何？

   (A) 6.25　　(B) 2.5　　(C) 1.6　　(D) 0.4　　(E) 0.16

10. 一個質點自水平地面朝右上方斜向拋射，在最高點時，突然爆裂為質量相等的甲、乙、丙三質點，如圖 7 所示。爆裂之後乙自靜止作自由落體運動，丙循原路徑回落到原拋射點。若忽略空氣阻力，則爆裂瞬間甲與丙速率的比值約為何？

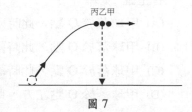

圖 7

   (A) 1/2　　(B) 1　　(C) 2
   (D) 3　　　(E) 4

11. 光滑水平面上有同質量的黑白兩小球，白球以速率 v_0 沿正東方向前進，與靜止的黑球發生碰撞。如果碰撞之後，黑球以速率 $v = \dfrac{v_0}{2\sqrt{2}}$ 沿東偏南 45° 前進；白球沿東偏北 θ 角前進，則 $\tan\theta$ 為下列何者？

(A) $\dfrac{1}{\sqrt{2}}$ 　(B) $\dfrac{1}{2\sqrt{2}}$ 　(C) $\dfrac{1}{2}$ 　(D) $\dfrac{1}{3}$ 　(E) $\dfrac{1}{4}$

12. 如圖 8 所示，一質量為 60kg 的滑雪者，由滑雪道頂端 P 靜止滑下，於滑道末端 R 飛出。滑道最低點 Q 與 P 的垂直距離為 24m，Q 與 R 的垂直距離為 4m。當他於滑道末端 R 飛出時，速度的大小為 18m/s。若過程中他保持姿勢不變，風阻亦可忽略。從 P 到 R 因摩擦所消耗的能量與所減少的重力位能之比值最接近下列何者？

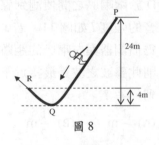

圖 8

(A) 1 　(B) 0.8 　(C) 0.3 　(D) 0.2 　(E) 0.1

13. 飛機於長程水平飛行時，其用來平衡重力的上升力可近似為 $F_上 = \alpha\rho v^2$，v 為飛行速率，ρ 為空氣密度，α 為相關的常數。若飛機此時所受的空氣阻力可假設為 $F_阻 = \beta\rho v$，β 為常數。已知空氣密度 ρ 會隨著飛行高度的增加而變小。假設某一高空航線的空氣密度 ρ 為另一低空的 1/2。僅考慮上述主要效應，並忽略浮力。若同一飛機維持固定的高度，水平飛行相同的航程，則在該高空與低空航線因阻力所消耗的能量之比為何？

(A) $\dfrac{1}{2\sqrt{2}}$ 　(B) $\dfrac{1}{2}$ 　(C) $\dfrac{1}{\sqrt{2}}$ 　(D) 1 　(E) $\sqrt{2}$

14. 圖 9 為一點波源 S_1 靜止於水波槽中的示意
    圖。若此波源以 1/4 波速而等速度向左移
    動，則此波源左方水波的波長變為靜止時
    的多少倍？

圖 9

(A) $\dfrac{1}{4}$　　(B) $\dfrac{1}{2}$　　(C) $\dfrac{3}{4}$　　(D) 1　　(E) 2

15. 兩個互相面對的喇叭相距
    8 公尺。兩喇叭同時放出
    同相位、同頻率的聲波。
    如圖 10 所示。一偵測器
    D 於兩喇叭之間偵測到聲
    音的強度 I 如圖 11。若 x
    為偵測器與左喇叭的距離，
    則此聲波之波長最接近下
    列何者？

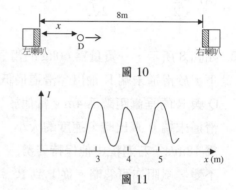

圖 10

圖 11

(A) $\dfrac{1}{4}$ m　　(B) $\dfrac{1}{2}$ m　　(C) 1m　　(D) 2m　　(E) 4m

16-17 題為題組

有一長為 a、寬為 w 的線圈其電阻
為 R，施一外力 F 使其以等速度 v
通過一範圍為 d（$d > a$）的均勻磁
場 B，磁場的方向為垂直射入紙面，
如圖 12 所示。在時間 $t = 0$ 時，線
圈恰接觸磁場的邊緣。

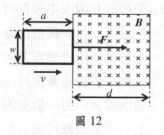

圖 12

16. 在線圈尚未完全進入磁場之前，時間為 $0 < t < \dfrac{a}{v}$ 時，磁場 B 在線
    圈內磁通量的量值為何？

(A) wvB　　(B) $wvtB$　　(C) $watB$　　(D) d^2B　　(E) d^2Bt

17. 欲使線圈等速度完全通過磁場，全程外力 F 需施給線圈至少多大
衝量？

(A) $\dfrac{B^2 w^2 d}{R}$　　　　(B) $\dfrac{B^2 w^2 a}{R}$　　　　(C) $\dfrac{2B^2 w^2 a}{R}$

(D) $\dfrac{B^2 w^2 (a+d)}{R}$　　　(E) 0

18. 康卜吞散射實驗是以光子與自由電子發生二維彈性碰撞，來分析
散射光子波長的變化量。石墨中碳原子的電子之最小游離能約為
5eV，下列何種波長的光子最適合當作入射光照射石墨產生自由
電子以進行康卜吞散射實驗？

(A) 1nm　　　　(B) 300nm　　　　(C) 500nm

(D) 5000nm　　　(E) 10000nm

19. 圖 13 為水平放置的圓柱形密閉容器，中間以無摩擦之活塞隔開。
活塞右邊和圓柱形容器的右邊以輕質彈簧相連結如圖 13 所示，
彈簧符合虎克定律，自然長度為圓柱容器長的一半。左方為真空，
右方理想氣體起初的絕對溫度為 T_0。若緩慢增加活塞右方理想氣
體的溫度 T，且彈簧的力常數不隨溫度變化，其對應的彈簧伸長
量為 x，則 x–T 的關係最接近圖 14 中的哪一條線？（其中甲、
乙、戊為直線，丙、丁為曲線）

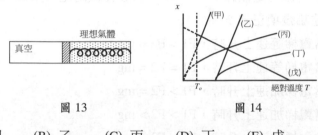

圖 13　　　　　　　　　圖 14

(A) 甲　(B) 乙　(C) 丙　(D) 丁　(E) 戊

20. 在一均勻磁場 B 中，甲、乙兩帶電質點，皆以速率 v 垂直於磁場作等速率圓周運動，磁場的方向為鉛直射入紙面，如圖 15 所示。甲為順時鐘運行，而乙為逆時鐘運行。若甲的圓半徑為乙的 2 倍，則甲質點之荷質比（q/m 之比值）為乙的幾倍？甲質點所帶電荷之性質為何？

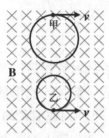

圖 15

(A) 1/2倍；甲帶負電

(B) 1/2倍；甲帶正電

(C) 2倍；甲帶負電

(D) 2倍；甲帶正電

(E) 4倍；甲帶負電

二、多選題（20 分）

說明：第 21 題至第 24 題，每題各有 5 個選項，其中至少有一個是正確的。選出正確選項，標示在答案卡之「選擇題答案區」。每題 5 分，各選項獨立計分，每答對一個選項，可得 1 分，每答錯一個選項，倒扣 1 分，完全答對得 5 分，整題未作答者，不給分亦不扣分。在備答選項以外之區域劃記，一律倒扣 1 分。倒扣到本大題之實得分數為零為止。

21. 電梯內吊著輕繩，輕繩底端懸掛一個重量為 mg 的物體。輕繩對該物體的施力量值為 F1，該物體對於輕繩的施力量值為 F2。下列敘述哪幾項正確？

(A) 當電梯等速上升時，F1 > F2 = mg

(B) 當電梯等速上升時，F1 = F2 = mg

(C) 當電梯加速上升時，F1 > F2 = mg

(D) 當電梯加速上升時，F1 > F2 > mg

(E) 當電梯加速上升時，F1 = F2 > mg

22. 實驗時以打點計時器紀錄物體運動過程的軌跡點。經過一段時間
之後，甲實驗的物體維持等速度運動，乙實驗的物體則維持等加
速度運動。圖 16 中甲、乙為兩實驗經一段時間之後，每隔 1 秒
所紀錄的某一段軌跡點。若將軌跡點的順序編號註記於該點下方，
則下列敘述哪幾項正確？（提示：注意圖中甲之第 5、7 兩點至
第 1 點之距離分別與乙之第 5、6 兩點至第 1 點之距離相同）

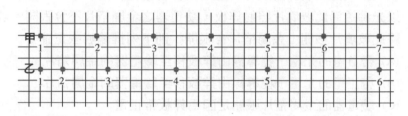

圖 16

(A) 乙實驗於第 1 軌跡點時的瞬時速率為零

(B) 乙實驗於第 1 軌跡點時的瞬時速率大於零

(C) 甲、乙實驗於第 3 軌跡點時的瞬時速率相等

(D) 甲、乙實驗於第 5 軌跡點時的瞬時速率相等

(E) 甲、乙實驗的瞬時速率相等時是在第 4 與第 5 點之間

23. 一可自由脹縮且絕熱的密封袋內有 1 莫耳的單原子理想氣體處在
標準狀態。設法對袋內氣體輸入熱量，使該氣體的溫度增加 1K，
則下列有關該氣體的敘述哪些項正確？

(A) 內能增加約 12.5J

(B) 吸收的熱完全用來增加內能

(C) 吸收的熱完全用來對外界作功

(D) 對外界做的功必與其增加的內能相等

(E) 增加的內能以及對外界作功之和等於外界輸入的熱量

24. 圖 17 為光電效應實驗裝置示意圖，
其中鋅板與驗電器以導線連接，兩
者底座均為絕緣體，入射光包含紅
外線、可見光與紫外線；未照光
時，驗電器的金屬箔片原本閉合。
在光源與鋅板間加入一特殊處理的

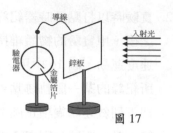

圖 17

玻璃片，此玻璃片能讓可見光通過但會阻絕特定頻率的電磁波。
以光源透過此玻璃片照射鋅板，驗電器之金屬箔片不會張開。若
將此玻璃片移開，金屬箔片會張開，則下列推論哪些正確？
(A) 帶負電的光電子經導線由鋅板移至驗電器的金屬箔片
(B) 帶正電的光電子經導線由鋅板移至驗電器的金屬箔片
(C) 驗電器的金屬箔片張開是因為鋅板帶正電
(D) 紫外線無法穿透此玻璃片
(E) 使鋅板產生光電效應是入射光中的紫外線成分

第貳部分：非選擇題（佔 20 分）

說明： 本大題共有二題，作答都要用 0.5mm 或 0.7mm 之黑色墨水的
筆書寫。答案必須寫在「答案卷」上，並於題號欄標明題號
（一、二）與子題號（1、2、3…）。作答時不必抄題，但必
須寫出計算過程或理由，否則將酌予扣分。每題配分標於題末。

一、波耳的氫原子模型假設電子以質子為圓心作等速率圓周運動，
已知氫原子的電子在基態時，圓周運動的半徑為 5.3×10^{-11}m。
計算下列各題。

1. 此電子所受靜電力的量值。（2分）
2. 此電子作圓周運動的速率。（2分）
3. 此電子作圓周運動所產生的電流。（3分）
4. 此電子作圓周運動所產生的電流在圓心形成的磁場量值。（3分）

二、大華利用半徑爲 5.00cm，薄壁折射率爲 $n_C = 1.52$，厚度可以忽略不計的透明半圓皿，進行下列實驗。如圖 18 所示，大華在白紙上繪製 xy 坐標，並以公分爲單位。將半圓皿的圓心與原點 O 重合，直徑（平直面）與 x 軸重合。

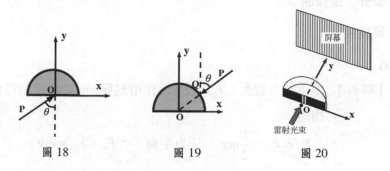

圖 18　　　　　　　圖 19　　　　　　　圖 20

1. 測量液體折射率：使入射光由 O 點入射，此時入射角爲 $\theta = 53°$（$\sin 53° = \dfrac{4}{5}$），如圖 18 所示。裝滿待測液體之後，大華測得折射之後的光線與圓弧面交點位置的 x 坐標爲 2.80cm。
   (a) 大華測量所用直尺的最小刻度爲何？（2 分）
   (b) 計算並以正確有效位數紀錄待測液體的折射率 $n_L = $？（3 分）

2. 觀測光線路徑：如圖 19 所示，入射光線 $\overrightarrow{PQ}$ 與 y 軸的夾角是 $\theta = 53°$，且 $\overrightarrow{PQ}$ 延長線與半圓皿相交於 O 點。當半圓皿內注滿折射率爲 $n_L = 1.3$ 的液體之後，射出半圓皿的光線經過第幾象限？與 y 軸的夾角爲何？（3 分）

3. 觀測雙狹縫干涉：如圖 20 所示，在 O 點內側放置一個雙狹縫，狹縫間距爲 0.020mm。在空氣中波長是 650nm 的雷射光束，沿著 y 軸方向射向雙狹縫。屏幕位於 y = 2.0m。半圓皿內注滿折射率爲 $n_L = 1.3$ 的液體之後，從兩狹縫發出的光波皆可視爲由 O 點發出，計算屏幕上所見亮紋間距。（2 分）

九十九年度指定科目考試物理科試題詳解

第壹部分：選擇題

一、單選題

1. **D**

   【解析】　由平行力觀念，$F_甲$、$F_乙$ 之作用點到 mg 之作用點距離相同

   $$\therefore F_甲 = F_乙 = \frac{1}{2}mg \text{，又力平衡 } \therefore F_甲 + F_乙 = mg$$

2. **E**

   【解析】　令凹點深度 h，且丙、丁破壞性干涉

   $$\therefore 波程差 2h = (n - \frac{1}{2})\lambda \text{，} n \in N$$

3. **C**

   【解析】　電容大小只與電容器材質、尺寸、形狀有關，與電位差 V 無關

4. **D**

   【解析】　顆粒愈小，總表面積愈大

5. **A**

   【解析】　由整體法，$F = (M + m)a$，$a = \dfrac{F}{M + m}$ —— ①

由隔離法分析 M，

摩擦力 $f = Ma \le f_{SM} \Rightarrow Ma \le \mu_s \times mg$ — ②

①代入②可得 $\mu_s \ge \dfrac{MF}{(M+m) \times mg}$

依題意，當 $F = 7.8(N)$，恰開始產生相對滑動

$\therefore$ 取 $\mu_s = \dfrac{1.5 \times 7.8}{(1.5+0.5) \times 0.5 \times 9.8} \fallingdotseq 1.2$

6. **A**

【解析】　甲、乙相對車作自由落體

$\therefore$ 落點皆為 P 正下方之 Q 點

令甲落下 $1(m)$ 費時 t_1，落至 Q 點共費時 t_2

則甲落至 Q 點時，乙落下 $t_2 - t_1$ 時間

甲、乙距離差 $\dfrac{1}{2}gt_2^2 - \dfrac{1}{2}g(t_2 - t_1)^2$

$$= \dfrac{1}{2}g(2t_1t_2 - t_1^2) > \dfrac{1}{2}gt_1^2 = 1(m)$$

※ $\because t_2 > t_1$　　$\therefore 2t_1t_2 > 2t_1^2$　　$\therefore 2t_1t_2 - t_1^2 > t_1^2$

7. **B**

【解析】　取後輪軸為支點，車不翻覆，故逆時鐘力矩要大於等

於順時鐘力矩令支架長 ℓ：

$$M \times a \ge \dfrac{M}{8} \times \dfrac{\ell}{2} \times \sin 30^\circ + \dfrac{M}{4} \times \ell \times \sin 30^\circ$$

$$\therefore \ell \le \dfrac{32}{5}a$$

8. **C**

【解析】　角動量之時間變化率即力矩

而質點作等速率圓周運動　∴所受向心力大小固定

故要判斷力矩最大，找相對丁點力臂最大之處，

即丙點

9. **C**

【解析】　由 $\dfrac{GMm}{R^2} = m\dfrac{4\pi^2 R}{T^2}$（萬有引力＝向心力）⇒

$T = 2\pi\sqrt{\dfrac{R^3}{GM}} \propto \sqrt{\dfrac{R^3}{M}}$，$R$ 為 4 倍，M 為 25 倍

$\therefore \dfrac{T_\text{甲}}{T_\text{乙}} = \sqrt{\dfrac{4^3}{25}} = \dfrac{8}{5}$ 倍

10. **E**

【解析】　令最高點爆炸前瞬間速度為 $+v$，爆炸後丙可循原路徑

返回　∴爆炸後瞬間丙速度 $-v$

而炸後乙自由落下　∴爆炸後瞬間，乙速度零。

由動量守恆，令爆炸前質量為 $3m$：

$3m \times (+v) = mv_\text{甲} + m \times 0 + m \times (-v)$

$\therefore v_\text{甲} = +4v$　$\therefore$ 甲、丙速率比值 $\dfrac{4}{1}$

11. **D**

【解析】　東西方向動量守恆：$mv_0 = mv_x + m \times \dfrac{v_0}{2\sqrt{2}} \times \cos 45°$，

$v_x = \dfrac{3}{4}v_0$

南北方向動量守恆：$m \times \dfrac{v_0}{2\sqrt{2}} \times \sin 45° = mv_y$，

$v_y = \dfrac{1}{4}v_0$　$\therefore \tan\theta = \dfrac{v_y}{v_x} = \dfrac{1}{3}$

12. D

【解析】　阻力作功 $W = \Delta E_k + \Delta\mu = \dfrac{1}{2}mv^2 - \dfrac{1}{2}mv_0^2 + mg \cdot \Delta h$，

本題 $v_0 = 0$

所求 $\left| \dfrac{W}{\Delta u} \right| = \left| \dfrac{\dfrac{1}{2}mv^2 + mg \times \Delta h}{mg \times \Delta h} \right|$

$= \left| \dfrac{\dfrac{1}{2} \times 60 \times 18^2 + 60 \times 9.8 \times (-20)}{60 \times 9.8 \times (-20)} \right| \fallingdotseq 0.2$

13. C

【解析】　$\because$ 所需上升力相同 $F_\text{上} = \alpha \cdot \rho v^2 = $ 飛機重

$\therefore$ 高空 ρ 減半，v 需變為 $\sqrt{2}$ 倍

所求 $W = F_\text{阻} \times \Delta r = \beta\rho v \times \Delta r \propto \rho v$

$\therefore$ 所消耗之能量為 $\dfrac{1}{\sqrt{2}}$ 倍

14. C

【解析】　視波長 $\lambda' = \lambda - v_s \times T = \lambda - \dfrac{v}{4} \times T = \lambda - \dfrac{\lambda}{4} = \dfrac{3}{4}\lambda$

15. **D**

【解析】兩波同頻率，同波長，相向而行，重疊後為駐波。

由圖可知，強度尖峰為相長性干涉，即腹點

而相鄰兩腹點距離即波長之半 $= 1(m)$　$\therefore \lambda = 2(m)$

16-17 題為題組

16. **B**

【解析】$\phi_B = \vec{B} \cdot \vec{A} = B \times W \times v \times t$

17. **C**

【解析】只有在進入與離開磁場的過程中需要外力克服磁力

$$J = F \times t = \frac{W^2 v B^2}{R} \times \frac{2a}{v} = \frac{2W^2 B^2 a}{R}$$

18. **A**

【解析】康卜吞效應用 X–ray，故選 (A)

19. **C**

【解析】令活塞截面積 A，起始體積 V_0，彈簧力常數 K

理想氣體方程式 $PV = nRT \Rightarrow P = \dfrac{nRT}{V} \quad \dfrac{nRT}{V_0 + \Delta V} = \dfrac{nRT}{V_0 + Ax}$

活塞力平衡 $PA = kx \Rightarrow \dfrac{nRT}{V_0 + Ax} \times A = kx$

$$\Rightarrow T = \frac{k}{nRA} x(V_0 + Ax)$$

$$= \frac{k}{nR} \times x^2 + \frac{kV_0}{nRA} \times x,$$

T 為 x 之二次函數

20. **A**

【解析】 $R = \dfrac{mv}{qB} \propto \dfrac{1}{q/m}$ 甲半徑 2 倍　$\therefore \dfrac{q}{m}$ 爲 $\dfrac{1}{2}$ 倍，

由 $\vec{F_B} = q\vec{v} \times \vec{B}$ 右手定則可判斷甲帶負電

二、多選題

21. **BE**

【解析】 由牛頓第三定律：$F_1 = F_2$

等速上升，力平衡：$F_1 = mg$

加速上升，$\sum F = ma \Rightarrow F_1 - mg = ma$

$\therefore F_1 > ma$

22. **BC**

【解析】 甲等速運動，平均速度等於任一刻之瞬時速度，

令爲 $v_{甲} = $ 每秒 5 格

乙爲等加速運動，點 3 之瞬時速度爲 1 至 5 之平均

速度（時間中點之速度爲平均速度）

而甲、乙之點 1 與點 5 距離相等

$\therefore$ 平均速度相同

$\therefore$ 在點 3 之瞬時速度相同

故 (C) 正確，同理可判斷 (D) (E) 錯

23. **AE**

【解析】 (A) $\Delta u = \dfrac{3}{2} nR \cdot \Delta T = \dfrac{3}{2} \times 1 \times 8.32 \times 1 = 12.48(J)$

(E) 即熱力學第一定律 $\Delta Q = \Delta U + W > 12.48(J)$

24. **CDE**

　　【解析】　(A)(B) 光電子脫離鋅版，使鋅版帶正電

　　　　　　　(C) 而箔片與鋅版接觸起電，電子由箔片移至鋅版

　　　　　　　(D) 光子能量：紫外光＞可見光＞紅光

　　　　　　　(E) 玻璃片阻隔時，箔片不張開，代表鋅版未發生光
　　　　　　　　　電效應，由此可知紫外光無法穿透此玻璃片

第貳部分：非選擇題

一、【答案】　(1) $8.2 \times 10^{-8} N$

　　　　　　(2) $2.2 \times 10^6 \, m/s$

　　　　　　(3) $1.1 \times 10^{-3} A = 1.1 mA$

　　　　　　(4) $13T$

　　【解析】　(1) 庫倫定律：$F = \dfrac{ke^2}{r^2} = \dfrac{9 \times 10^9 \times (1.6 \times 10^{-19})^2}{(5.3 \times 10^{-11})^2}$

　　　　　　　　　　　　　　　$= \underline{8.2 \times 10^{-8}(N)}$

　　　　　　(2) 電力作為向心力

　　　　　　　　$\dfrac{ke^2}{r^2} = m \times \dfrac{v^2}{r} \Rightarrow v = e \times \sqrt{\dfrac{k}{mr}}$

　　　　　　　　　　　$= 1.6 \times 10^{-19} \times \sqrt{\dfrac{9 \times 10^9}{9.11 \times 10^{-31} \times 5.3 \times 10^{-11}}}$

　　　　　　　　　　　$= \underline{2.2 \times 10^6 (m/_s)}$

(3) 電流：$i = ef$

$$= e \times \frac{v}{2\pi r} = 1.6 \times 10^{-19} \times \frac{2.2 \times 10^{6}}{2 \times 3.14 \times 5.3 \times 10^{-11}}$$

$$= \underline{1.1 \times 10^{-3} (A)}$$

(4) 圓心磁場：$B = \dfrac{\mu_0 i}{2r} = \dfrac{4\pi \times 10^{-7} \times 1.1 \times 10^{-3}}{2 \times 5.3 \times 10^{-11}} = \underline{13(T)}$

二、【答案】 (1) (a) 0.1*cm* 　　(b) $n_L = 1.43$

(2) 第二象限，與 *y* 軸的夾角為 53°

(3) 6.5*cm*

【解析】 (1) (a) 實驗數據最後一位為估計值，最小刻度為倒數
第二位 <u>0.1*cm*</u>

(b) 折射定律　$1 \times \sin 53° = n_L \times \dfrac{x}{r}$

$$\Rightarrow 1 \times \frac{4}{5} = n_L \times \frac{2.80}{5.00}$$

$$\therefore n_L = \underline{1.43}$$

(2) $n_L \times \sin 53° = 1.3 \times \dfrac{4}{5} > 1$，會全反射

∴射出半圓皿的光經過<u>第二象限</u>與 *y* 軸夾 <u>53°</u>

(3) 依題意，光視同由 *O* 點發出

∴經過半圓皿不發生折射現象，半圓皿不造成波程差

∴亮紋間距 $\Delta y = \dfrac{r \cdot \lambda}{d} = \dfrac{2.00 \times 10^{2} \times 6.50 \times 10^{-5}}{2.00 \times 10^{-3}}$

$$= \underline{6.50(cm)}$$

九十九學年度指定科目考試（物理）

大考中心公佈答案

題　號	答　　案	題　　號	答　　案
1	D	16	B
2	E	17	C
3	C	18	A
4	D	19	C
5	A	20	A
6	A	21	BE
7	B	22	BC
8	C	23	AE
9	C	24	CDE
10	E		
11	D		
12	D		
13	C		
14	C		
15	D		

九十九學年度指定科目考試
各科成績標準一覽表

科　　目	頂　標	前　標	均　標	後　標	底　標
國　　文	67	62	54	44	36
英　　文	79	69	48	26	13
數學甲	79	65	45	25	14
數學乙	88	78	60	40	22
化　　學	68	57	38	21	12
物　　理	57	43	24	12	6
生　　物	81	73	58	40	28
歷　　史	75	68	57	43	31
地　　理	63	56	46	34	26
公民與社會	52	44	34	23	16

※ 以上五項標準均取為整數（小數只捨不入），且其計算均不含缺考生之成績，
　計算方式如下：

　頂標：成績位於第 88 百分位數之考生成績。
　前標：成績位於第 75 百分位數之考生成績。
　均標：成績位於第 50 百分位數之考生成績。
　後標：成績位於第 25 百分位數之考生成績。
　底標：成績位於第 12 百分位數之考生成績。

例：某科之到考考生為 99982 人，則該科五項標準為

　頂標：成績由低至高排序，取第 87985 名（99982×88%=87984.16，取整數，
　　　　小數無條件進位）考生的成績，再取整數(小數只捨不入)。

　前標：成績由低至高排序，取第 74987 名（99982×75%=74986.5，取整數，
　　　　小數無條件進位）考生的成績，再取整數(小數只捨不入)。

　均標：成績由低至高排序，取第 49991 名（99982×50%=49991）考生的成績，
　　　　再取整數(小數只捨不入)。

　後標：成績由低至高排序，取第 24996 名（99982×25%=24995.5，取整數，
　　　　小數無條件進位）考生的成績，再取整數(小數只捨不入)。

　底標：成績由低至高排序，取第 11998 名（99982×12%=11997.84，取整數，
　　　　小數無條件進位）考生的成績，再取整數(小數只捨不入)。

九十八年大學入學指定科目考試試題
物理考科

物理常數

計算時如需要可利用下列數值：

重力加速度量值 $g = 9.8$ m/s^2

電子質量 $m_e = 9.11 \times 10^{-31}$ kg

普朗克常數 $h = 6.63 \times 10^{-34}$ J・s

基本電量 $e = 1.6 \times 10^{-19}$ C

光在真空中的速度 $= 3.0 \times 10^8$ m/s

第壹部分：選擇題（佔 80 分）

一、單選題（60 分）

說明：第 1 至第 20 題，每題選出一個最適當的選項，標示在答案卡之「選擇題答案區」。每題答對得 3 分，答錯或劃記多於一個選項者倒扣 3/4 分，倒扣到本大題之實得分數為零為止。未作答者，不給分亦不扣分。

1. 若有一行星繞著恆星 S 作橢圓軌道運動，則下列有關行星在圖 1 所示各點的加速度量值的敘述，何者正確？

   (A) 所有點都一樣大

   (B) 點 A 處最大

   (C) 點 B 與點 F 處最大

   (D) 點 C 與點 E 處最大

   (E) 點 D 處最大

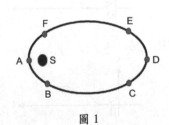

圖 1

2. 如圖 2 所示，一單擺左右來回擺動，擺錘受有重力 W、擺線的張力 T 與空氣阻力 R。

下列有關此三力對擺錘作功的敘述何者正確？

(A) W 一定作正功，T 一定作負功

(B) R 一定作負功，T 一定不作功

(C) W 一定作正功，R 一定作負功

(D) T 與 W 一定作正功，R 一定作負功

(E) W 與 R 一定作負功，T 一定不作功

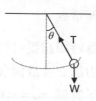

圖 2

3. 如圖 3 所示，是由左向右行進的一週期波，其長波列的一部分波形。設此時 $t = 0$，P 點的位移為 y_0。下列哪一項是在 $t = 0$ 以後的時間中，P 點位移隨時間變化的圖？

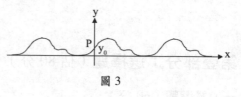

圖 3

(A)

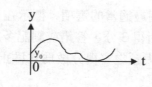

(B)

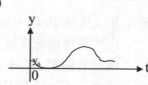

(C)

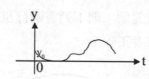

(D)

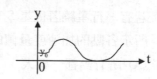

(E)

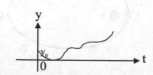

4. 長度為 l_A 的閉管（一端閉口，另一端開口），其基音頻率為 f_A；
　 長度為 l_B 的開管（兩端開口），其基音頻率為 f_B。已知 f_A 等於
　 f_B，則 l_A 對 l_B 的比值為下列哪一項？
　 (A) 4　　　　　　(B) 2　　　　　　(C) 3／2
　 (D) 1　　　　　　(E) 1／2

5. 將 15℃、6 公升的冷水與 80℃、9 公升的熱水，在一絕熱容器內
　 混合。在達到熱平衡後，若忽略容器吸收的熱，則水的溫度為下
　 列何者？
　 (A) 24 °C　　　　(B) 34 °C　　　　(C) 44 °C
　 (D) 54 °C　　　　(E) 64 °C

6. 如圖 4 所示，一發光點從凸面鏡主軸上的 P 點沿主軸緩慢向鏡頂
　 O 移動，則此光點的像，其位置以及其移動的方向為下列哪一項？
　 (A) 先成像於鏡前，接著成像於鏡後
　 (B) 成像於鏡後，遠離 O 點移動
　 (C) 成像於鏡後，朝向 O 點移動
　 (D) 成像於鏡前，遠離 O 點移動
　 (E) 成像於鏡前，朝向 O 點移動

圖 4

7. 在近代科技的領域中，下列敘述何者*錯誤*？
　 (A) 雷射可用於光纖通信
　 (B) 純矽的晶體摻入少量三價元素後可製成 p 型半導體
　 (C) 即使超導體在超導狀態，其電阻也不會是零
　 (D) 利用外在電場可改變液晶的光學特性
　 (E) 奈米是一個長度單位

8. 如圖 5 所示，一水管水平放置，水以 1.50 kg/s 的固定速率，穩定
   地從甲截面流入，從乙截面流出。已知甲截面的面積為 12.0 cm²，
   乙截面的面積為 5.00 cm²。假設管內同一截面上各點的流速相等，
   則甲截面的水流速 $v_甲$ 和乙截面的水流速 $v_乙$ 各為下列哪一項？

   (A) $v_甲$ = 3.00 m/s，$v_乙$ = 1.50 m/s

   (B) $v_甲$ = 2.50 m/s，$v_乙$ = 1.50 m/s

   (C) $v_甲$ = 1.25 m/s，$v_乙$ = 3.00 m/s

   (D) $v_甲$ = 1.00 m/s，$v_乙$ = 3.00 m/s

   (E) $v_甲$ = 1.00 m/s，$v_乙$ = 4.25 m/s

   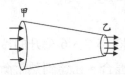

   圖 5

9. 在一開口水槽的平靜水面上，將一半徑為 2.5 cm、質量為 2.4 g 細
   鋁線製成的圓圈（鋁的密度為 2.70 g/cm³），輕輕平放該水面上而
   不下沉，則水的表面張力最可能是下列哪一項？

   (A) 7.5×10^{-2} N/m　　(B) 1.5×10^{-1} N/m　　(C) 1.2×10^{-2} N/m²

   (D) 2.4×10^{-2} N/m²　　(E) 2.4×10^{-2} N

10. 有一平行板電容器，內部抽成真空，其中一板帶正電，另一板帶
    等量的負電。已知當兩個電極板的間距為 1.2 cm 時，電容器內部
    電場的強度為 25 kV/m。若此電容器兩電極板間的電位差維持不
    變，但兩極板的間距變為 2.0 cm 時，則電容器內部電場的強度為
    下列哪一項？

    (A) 30 kV/m　　　　　(B) 24 kV/m　　　　　(C) 18 kV/m

    (D) 15 kV/m　　　　　(E) 10 kV/m

11. 如圖 6 所示，甲、乙、丙、丁四個方形線圈以相同水平速度 v 分
    別進入垂直射出紙面的均勻磁場 B 中，四個線圈的邊長如圖所示

之尺寸，則在四個線圈剛進入磁場時，它們的感應電動勢的量值

之關係為下列何者？

(A) 甲＝丁＜丙＜乙

(B) 甲＞乙＞丙＞丁

(C) 丁＞丙＞乙＞甲

(D) 甲＝乙＞丙＞丁

(E) 丁＞丙＝乙＞甲

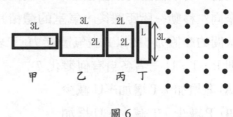

圖 6

12. 一重為 W＝mg 的長方形物體（g 為重力加速度），靜置於一以等
速度 v、水平向右直線行駛的火車車箱內的地板上，火車質量為
M。當火車以等加速度 a 向右加速時，若物體相對火車車箱而言，
仍然維持在原地不動，忽略空氣阻力，則對地面上的觀察者而言，
有關此時物體的受力及運動，下列敘述哪一項是正確的？

(A) 物體未受力，故仍然可在原地不動

(B) 物體受一大小為 Ma、向左的摩擦力，以維持在原地不動

(C) 物體受一大小為 Ma、向右的摩擦力，以維持等加速度運動

(D) 物體受一大小為 ma、向左的摩擦力，以維持在原地不動

(E) 物體受一大小為 ma、向右的摩擦力，以維持等加速度運動

13. 如圖 7 所示，一質量為 m 的棒球以速度 v 水平飛向擊球手，擊球
手揮棒擊球，使球以速度 v 鉛垂向上飛出，設水平飛行方向為 ＋x，
鉛垂向上飛出方向為 ＋y，則球所受到衝量的量值及方向為下列
何者？

(A) $2mv$，向 ＋y 方向

(B) mv，與 ＋x 方向成 45°

(C) mv，與 ＋x 方向成 135°

(D) $\sqrt{2}\,mv$，與 ＋x 方向成 45°

(E) $\sqrt{2}\,mv$，與 ＋x 方向成 135°

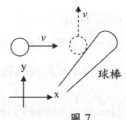

圖 7

14. 如圖 8 所示，定量的理想氣體密封於一絕熱氣室內，氣室的右側
　　裝有一可以活動的氣密活塞。今緩慢對活塞施以一水平力，使活
　　塞向左移動一段距離後，氣室的體積減少，若忽略活塞與氣室內
　　壁間的摩擦力，並以 P 表氣體壓力，T 表氣體溫度，U 表氣體內能，
　　則 P、T、U 三者各自有何變化？
　　(A) P 增加，T 增加，U 減少
　　(B) P 減少，T 減少，U 增加
　　(C) P 增加，U 增加，T 減少
　　(D) T 減少，U 減少，P 增加
　　(E) P 增加，T 增加，U 增加

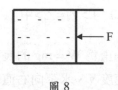

圖 8

15. 如圖 9 所示，長 5.0 m 的均勻細線，質量為 0.010 kg，一端繫於
　　固定在桌上的起振器 P 點，另一端經光滑的定滑輪 Q，懸掛質量
　　為 1.0 kg 的重物，PQ 間恰好是 4.0 m。調整起振器的振動頻率，
　　直到 PQ 間產生三個清楚的駐波波節（不含 P、Q 兩節點）為止，
　　若繩波的速率等於 $\sqrt{\dfrac{T}{\mu}}$，其中 T 及 μ 分別為繩之張力及線密度，
　　則當時起振器的振動頻率為若干？
　　(A) 3 Hz　　　　(B) 10 Hz
　　(C) 35 Hz　　　 (D) 41 Hz
　　(E) 140 Hz

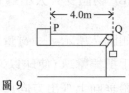

圖 9

16. 如圖 10 所示，在一厚度為 d 的門中，安
　　置一長度與門厚相同的玻璃圓柱體，其
　　半徑為 r。若玻璃圓柱體的折射率 $n = \dfrac{3}{2}$，
　　且 $\dfrac{d}{r} = \dfrac{4}{3}$，則從門外射入門內的光線中，

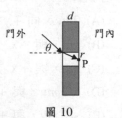

圖 10

可到達玻璃圓柱體右側中心點 P 的最大角 θ（如圖所示）的正弦值（$\sin \theta$）為下列何者？

(A) $\dfrac{4}{5}$　　(B) $\dfrac{5}{6}$　　(C) $\dfrac{9}{10}$

(D) $\dfrac{8}{15}$　　(E) $\dfrac{9}{15}$

17. 小明將 L、M、N 三種單色光在同一雙狹縫的裝置上作繞射實驗，在所有實驗條件相同狀況下，L、M、N 三種單色光分別在屏幕上獲得如圖 11 的甲、乙、丙三種干涉條紋，則下列敘述何者正確？

圖 11

(A) L 光的波長最短

(B) M 光在水中傳播的速度最慢

(C) N 光的頻率最低

(D) 三種單色光波長大小關係為 L 光>M 光>N 光

(E) 三種單色光的每個光子能量均相同

18-19題為題組

下表為一些金屬的功函數。今用波長為 400 nm 的單色光分別照射各金屬片，從事光電效應的實驗。

金屬名稱	功函數(eV)
鈉	2.25
鎂	3.68
銅	4.70

18. 下列敘述哪一項正確？
    (A) 鈉、鎂、銅都會產生光電子
    (B) 只有鈉、鎂會產生光電子
    (C) 只有鈉、銅會產生光電子
    (D) 只有鎂、銅會產生光電子
    (E) 只有鈉會產生光電子

19. 若入射光照射到上表中某金屬片時的功率為 0.5 W，且產生的光電子都可全部收集，而獲得 3.2 mA 的光電流，則約有多少百分比的入射光產生了光電子？
    (A) 50%　　　(B) 25%　　　(C) 10%
    (D) 5%　　　(E) 2%

20. 設人造衛星以半徑 r 繞地心作圓軌道運動，令地球的質量為 M，萬有引力常數為 G，則人造衛星與地心的連線，在單位時間內所掃過的面積為下列哪一項？

    (A) $\sqrt{\frac{1}{4}GMr}$　　(B) $\sqrt{\frac{1}{2}GMr}$　　(C) $\sqrt{GMr}$

    (D) $\sqrt{2GMr}$　　(E) $\sqrt{4GMr}$

二、多選題（20 分）

說明：第 21 至第 24 題，每題各有 5 個選項，其中至少有一個是正確的。選出正確選項，標示在答案卡之「選擇題答案區」。每題 5 分，各選項獨立計分，每答對一個選項，可得 1 分，每答錯一個選項，倒扣 1 分，完全答對得 5 分，整題未作答者，不給分亦不扣分。在備答選項以外之區域劃記，一律倒扣 1 分。倒扣到本大題之實得分數為零為止。

21. 如圖 12 所示，以輕繩繫住的小球，繞一水
平軸在一鉛垂面作順時針、半徑固定的圓
周運動，O 點為其圓心。相對 O 點而言，
若忽略空氣阻力，則有關小球的角動量和
小球所受的力矩的敘述，下列哪些項正確？

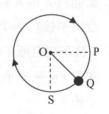

圖 12

(A) 繩上的張力不影響小球的角動量

(B) 小球角動量的方向是垂直射出紙面

(C) 小球角動量在 S 點時比在 P 點時為小

(D) 小球所受的重力力矩，在 P 點時比在 Q 點時為大

(E) 小球角動量隨時間的改變率，在 S 點時比在 Q 點時為大

22. 如圖 13 所示，有四條垂直紙面且互相平行的長直導線，它們與
紙面的交點分別為 P、Q、N 及 S，緊鄰兩條導線的間距為 $2a$，
圖中正方形中心 O 點為參考坐標 x-y 的原點，
都在紙面上，M 為 PS 連線的中點。已知
四條長直導線上的電流大小都為 I，電流
的方向也都是射出紙面，則下列敘述哪
些正確？

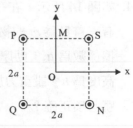

圖 13

(A) O 點的磁場等於零

(B) M 點的磁場指向 $+x$ 方向

(C) M 點的磁場的大小等於 $\dfrac{5}{4}(\dfrac{\mu_0 I}{2\pi a})$

(D) 與紙面交點為 S 的導線所受到磁作用力的方向為由 O 指
向 S

(E) 在紙面上距離 O 點為 r $(r \gg a)$的任一點，其磁場的大小約
為 $\dfrac{2\mu_0 I}{\pi r}$

23. 動能為 E 的 α 粒子（Z＝2，A＝4）由無限遠處，向固定不動的金原子核（Z＝79，A＝196）作正面彈性碰撞，設 r 為碰撞過程中，α 粒子與金原子核的距離，k 為庫侖常數，e 為基本電荷的電量，並取 $r＝\infty$ 時的電位能為零，若忽略重力，則下列敘述哪些項正確？

(A) α 粒子在碰撞過程中，在 r 處受到 $\dfrac{158ke^2}{r^2}$ 的排斥力

(B) α 粒子在碰撞過程中，在 r 處的電位能為 $\dfrac{158ke^2}{r^2}$

(C) α 粒子在碰撞後，其運動方向與原入射方向相反

(D) α 粒子在碰撞過程中的最小動能為 $\dfrac{1}{2}E$

(E) α 粒子在碰撞過程中的最小距離為 $\dfrac{158ke^2}{E}$

24. 如圖 14 所示，在一斜角為 θ、固定於水平地面的斜面上 L 處，有一質量為 m 的物體以 v 的初速度上滑，物體與斜面間的靜摩擦係數為 μ_s，動摩擦係數為 μ_k，物體可達到的最高點 H 的垂直高度為 h。設重力加速度為 g，並忽略空氣阻力，則下列敘述哪些項正確？

(A) $h＝\dfrac{v^2}{2g}$

(B) $h＝\dfrac{v^2}{2g(\sin\theta＋\mu_k\cos\theta)}$

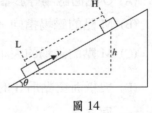

圖 14

(C) L 至 H 的長度為 $\dfrac{v^2}{2g(\sin\theta＋\mu_k\cos\theta)}$

(D) 若 $\mu_s > \tan\theta$，物體在 H 處的加速度為零

(E) 當物體到達 H 處即將下滑的瞬間，物體的加速度為

$g\,(\sin\theta - \mu_s\cos\theta)$

第貳部分：非選擇題（佔 20 分）

說明：本大題共有二題，<u>作答都要用 0.5mm 或 0.7mm 之黑色或藍色</u>
<u>的原子筆、鋼珠筆或中性筆書寫</u>。答案務必寫在「答案卷」
上，並於題號欄標明題號（一、二）與子題號（1、2、…）。
作答時不必抄題，但必須寫出計算過程或理由，否則將酌予
扣分。每題配分標於題末。

一. 如圖 15 所示，有一半徑爲 R、重爲 W、材質均勻的光滑輪子，
與高 h 的階梯接觸，靜置於水平地面上。今在輪子中心處施一水
平力 F，使其爬上階梯，若輪子不變形，回答下列問題。

1. 輪子在受到一水平力 F，但尚未脫離地面，呈靜態平衡時，
   輪子受到哪些力？列舉並繪出其力圖。（4 分）

2. 承上題，列出輪子所受垂直與水平分力的方程式。（2 分）

3. 以輪子與階梯的接觸點爲參考點，列出力矩方程式，求在輪子
   中心處最少需施力多少才能使輪子脫離地面？（4 分）

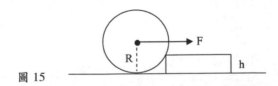

圖 15

二. 某生欲以安培計 A（其電阻為 R_A）、伏特計 V（其電阻為 R_V）
及可調變的直流電源供應器 E，來驗証歐姆定律並測量電阻器 R
的電阻，已知電阻器 R 的電阻約略為數歐姆的低電阻。忽略接線
的電阻與電源供應器的內電阻，回答下列各問題。

1. 分析比較圖 16 中的甲、乙兩種電路圖所能求出的電阻器 R 的
電阻，並說明何者較能準確測量此電阻器的電阻。（4 分）

2. 測量時，需要讀取那兩個儀器的數據？此數據所形成的數據組
要有何種關係方能驗証歐姆定律？（3 分）

3. 如何分析上述的數據組來獲知此電阻器的電阻？並說明此實驗
值與電阻器的實際電阻，它們兩者間大小的關係。（3 分）

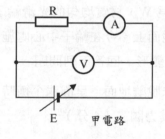 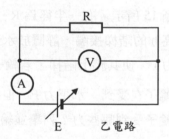

圖 16

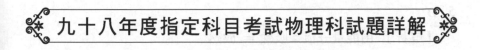

九十八年度指定科目考試物理科試題詳解

第壹部分：選擇題

一、單選題

1. **B**

   【解析】　由重力加速度（重力場強度）$g = \dfrac{GM}{r^2} \propto r^{-2}$，

   因爲點 A 處距離最近，所以加速度最大

2. **B**

   【解析】　由 $W = \vec{F} \cdot \Delta \vec{r} = F \Delta r \cos \theta$

   重力 W：下降過程作正功，上升過程作負功

   張力 T：與速度垂直，不作功

   空氣阻力 R：與速度反方向，作負功

3. **C**

   【解析】　位移隨時間變化的圖形，與波形左右相反

4. **E**

   【解析】　閉管基音頻率 $f_A = \dfrac{v}{4\ell_A}$ ；開管基音頻率 $f_B = \dfrac{v}{2\ell_B}$

   已知 $f_A = f_B$，所以 $\dfrac{\ell_A}{\ell_B} = \dfrac{1}{2}$

5. **D**

【解析】 由能量守恆：吸熱 = 放熱

平衡溫度 $T = \dfrac{m_1 s_1 T_1 + m_2 s_2 T_2}{m_1 s_1 + m2 s_2}$

$\qquad = \dfrac{6 \times 10^3 \times 1 \times 15 + 9 \times 10^3 \times 1 \times 80}{6 \times 10^3 \times 1 + 9 \times 10^3 \times 1} = 54\,^{\circ}\text{C}$

6. **C**

【解析】 由凸面鏡成像特性：物在鏡前，成像在鏡後，為正立
縮小虛像
且物朝鏡頂移動，像亦朝鏡頂移動

7. **C**

【解析】 超導體在進入超導態時，會有「零電阻、完全抗磁」
的特性

8. **C**

【解析】 流量 $\dfrac{M}{\Delta t} = \rho_{水} A_{甲} V_{甲}$

$\qquad \Rightarrow 1.5(\,kg/s\,) = 10^3(\,kg/m^3\,) \times 1.2 \times 10^{-4}(\,m^2\,) \times V_{甲}$

$\therefore V_{甲} = 1.25(\,m/s\,)$

由連續方程 $A_{甲} V_{甲} = A_Z V_Z \Rightarrow V_Z = 3(\,m/s\,)$

9. **A**

【解析】　表面張力的合力＝鋁圈重量

$$F_T = mg \Rightarrow (T \times 2\pi r) \times \underline{2} = mg$$

　　　　　　　　　　　　　↳　內外徑皆有表面張力

$$\therefore T \times 2\pi \times 0.025 \times 2 = 2.4 \times 10^{-3} \times 9.8$$

$$T \fallingdotseq 7.5 \times 10^{-2} \ (N/m)$$

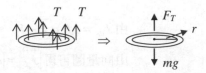

10. **D**

【解析】　由 $E = \dfrac{\Delta V}{d}$ 且電位差 ΔV 不變

$$\therefore E \propto \frac{1}{d} \Rightarrow \frac{E'}{E} = \frac{d}{d'} \Rightarrow \frac{E'}{25} = \frac{1.2}{2}$$

$$\therefore E' = 15 \ (kV/m)$$

11. **E**

【解析】

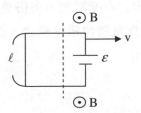

導線框右側進入磁場後，右側導線切割磁力線，進而形成感應電動勢

$$\varepsilon = \ell vB \propto \ell$$

$$\therefore \varepsilon_T > \varepsilon_{丙} = \varepsilon_Z > \varepsilon_{甲}$$

12. **E**

【解析】　對地觀察者不用考慮假想力，又因物體有慣性想留在原地故必須受車箱內的地板摩擦力向右拉動，如此物體才會有向右的加速度由物體的受力狀況可知 $f = ma$

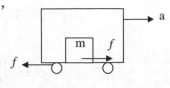

13. **E**

【解析】

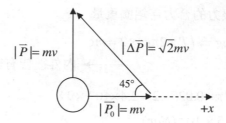

由 $\overrightarrow{J_{合}} = \Delta \vec{P} = \vec{P} - \vec{P_0}$

由向量圖可得 $\left|\overrightarrow{J_{合}}\right| = \left|\Delta \vec{P}\right| = \sqrt{2}mv$ ，與 $+x$ 夾 $135°$

14. **E**

【解析】 由熱力學第一定律 $\Delta Q = \Delta U + \Delta W$

因為氣體置於絕熱氣室內，故 $\Delta Q = 0$

但外力對系統作正功（相當於系統對外界作負功

$\Delta W < 0$ ）

因此系統內理想氣體之內能增加，可得溫度 T 上升

再由 $PV = nRT$ ，因為氣體體積 V 減少，溫度 T 增加，

故可知壓力 P 亦增加

15. **C**

【解析】 弦線 PQ 形成駐波，如圖，

可知波長 $\lambda = 2\,(\text{m})$

由 $v = f\lambda \Rightarrow \sqrt{\dfrac{T}{\mu}}$

$$= f\lambda \Rightarrow \sqrt{\dfrac{1 \times 9.8}{\dfrac{0.010}{5}}} = f \times 2 \Rightarrow f = 35\,(\text{Hz})$$

P ⌒⌒⌒⌒ Q

$\overline{PQ} = 2\lambda$

16. **C**

【解析】 如右圖，因為 $\dfrac{d}{r} = \dfrac{4}{3}$，

可得折射角 $\phi = 37°$

再由司乃耳定律

$n_1 \sin\theta_1 = n_2 \sin\theta_2$

$1 \times \sin\theta = \dfrac{3}{2} \times \sin 37°$

$\therefore \sin\theta = \dfrac{9}{10}$

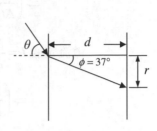

17. **D**

【解析】 由圖可知 $\Delta y_{甲} > \Delta y_{乙} > \Delta y_{丙}$，

加上雙狹縫亮帶寬公式 $\Delta y = \dfrac{r\lambda}{d}$ （r，d 均相同）

可得 $\lambda_{甲} > \lambda_{乙} > \lambda_{丙} \Rightarrow L$光 $> M$光 $> N$光

18. **E**

【解析】 由愛因斯坦之光電方程式：$eVs = hv - e\phi$

入射光為 400nm $E = \dfrac{1240}{\lambda(\,nm\,)} = \dfrac{12400}{400} = 3.1$ (eV)

表示功函數超過 3.1(eV)不能產生光電效應，

因此由表可知，只有鈉會產生光電效應

19. **E**

【解析】 光功率 $P = \dfrac{N E_{光子}}{\Delta t} = 0.5W$

$$\Rightarrow \left(\frac{N}{\Delta t}\right)_{光子} = \frac{0.5W}{E_{光子}} = \frac{0.5W}{3.1 \times 1.6 \times 10^{-19} J}\left(\frac{個}{秒}\right)$$

電流定義 $I = \dfrac{Ne}{\Delta t} = 3.2mA$

$$\Rightarrow \left(\frac{N}{\Delta t}\right)_{電子} = \frac{3.2 \times 10^{-3} A}{1.6 \times 10^{-19} C}\left(\frac{個}{秒}\right)$$

$$\therefore \frac{(N/\Delta t)_{電子}}{(N/\Delta t)_{光子}} = \frac{3.2 \times 10^{-3} \times 3.1}{0.5} \times 100\% \fallingdotseq 2\%$$

20. **A**

　【解析】　$\dfrac{\Delta A}{\Delta t} = \dfrac{\pi r^2}{T} = \dfrac{\pi r^2}{2\pi \sqrt{\dfrac{r^3}{GM}}} = \sqrt{\dfrac{1}{4}GMr}$

二、多選題

21. **AD**

　【解析】　(A) T 過 O 點，不生力矩，故不影響角動量

　　　　　(B) 由右手定則，$\vec{L}$ 方向射入指面

　　　　　(C) $L = rmv$，由力學能守恆可知，最低點速率最快，

　　　　　　　故角動量最大

　　　　　(D) P 點力臂較 Q 點大，故重力力矩 P 點較大

　　　　　(E) $\vec{\tau} = \dfrac{d\vec{L}}{dt}$，Q 點力矩較 S 點大（S 點力矩為零），

　　　　　　　故角動量時變率（即力矩）Q 點較 S 點大

22. **AE**

【解析】 (A) 由右圖可知，對稱

$$\sum \vec{B} = \vec{B}_P + \vec{B}_Q + \vec{B}_N + \vec{B}_S = 0$$

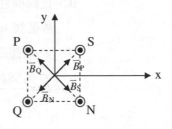

(B) (C) 由右圖，$\sum \vec{B}$ 方向向左

$$\left| \sum \vec{B} \right| = \left| \vec{B}_P + \vec{B}_Q + \vec{B}_N + \vec{B}_S \right| = \left| \vec{B}_Q + \vec{B}_N \right|$$

$$= 2 \times \frac{\mu_0 I}{2\pi \times \sqrt{5}a} \times \cos\theta$$

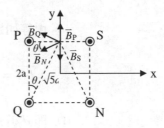

$$= 2 \times \frac{\mu_0 I}{2\pi \times \sqrt{5}a} \times \frac{2}{\sqrt{5}} = \frac{2\mu_0 I}{5\pi a}$$

(D) 由右圖，P、Q、N 在
S 處造成之總磁場方
向向左上方與 $+x$ 軸
夾 $135°$
由右手定則可知，
S 所受磁力由 S 朝向 Q

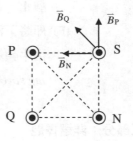

23. **ACE**

【解析】 (A) 庫侖力 $F_e = \dfrac{k(2e)(79e)}{r^2} = \dfrac{158ke^2}{r^2}$

(B) 電位能 $U_e = \dfrac{k(2e)(79e)}{r} = \dfrac{158ke^2}{r}$

(C) 正向彈性碰撞，且金核固定（視爲 "牆壁" ），
故碰後 α 粒反彈

(D) (E) 最接近時，速率爲零，動能轉爲電位能：

$$E = \frac{158ke^2}{r} \Rightarrow r = \frac{158ke^2}{E}$$

24. CDE

【解析】 (A)(B)(C) 上升過程中，

$a = g(sin\theta + \mu_k cos\theta)$ 沿斜面向下

由等加速運動 $0 = v^2 - 2 \cdot a \cdot \overline{LH}$

$$\therefore \overline{LH} = \frac{v^2}{2a} = \frac{v^2}{2g(sin\theta + \mu_k cos\theta)}$$

(D) 即 θ 小於靜摩擦角，故不會下滑；物體達 H 後保持
靜止，合力爲零

(E) 即將下滑，此時爲最大靜摩擦力且方向向上
由牛頓第二定律 $\sum \vec{F} = m\vec{a} \Rightarrow$ 考慮平行斜面方向：
$mg\,sin\theta - \mu_s mg\,cos\theta = 0 \Rightarrow a = g(sin\theta - \mu_s cos\theta)$

第貳部分：非選擇題

一、【答案】 (1) 略

(2) 垂直：$N_1 + N_2 \cdot \dfrac{R-h}{R} = W$ ，

水平：$N2 \cdot \dfrac{\sqrt{2Rh - h^2}}{R} = F$

(3) $\dfrac{\sqrt{2Rh-h^2}}{R-h}$

【解析】 (1) 共受四個力（θ：為 N_2 與水平之夾角）

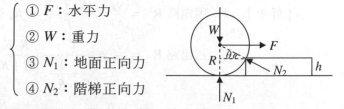

$$\begin{cases} ① \ F：水平力 \\ ② \ W：重力 \\ ③ \ N_1：地面正向力 \\ ④ \ N_2：階梯正向力 \end{cases}$$

(2) 垂直合力為零：$N_1 + N_2\,sin\theta = W$

水平合力為零：$N_2\,cos\theta = F$

$$\begin{cases} ①：N_1 + N_2 \cdot \dfrac{R-h}{R} = W \\[4mm] ②：N_2 \cdot \dfrac{\sqrt{2Rh-h^2}}{R} = F \end{cases}$$

(3) 此時輪子恰脫離地面，故 $N_1 = 0$

以接觸點為支點，由力矩平衡：$\tau_F = \tau_W$

$$F \cdot (R-h) = W \cdot \sqrt{2Rh-h^2} \Rightarrow F = \dfrac{\sqrt{2Rh-h^2}}{R-h}$$

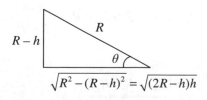

二、【答案】(1) 乙

(2) 伏特計讀數與安培計讀數

(3) $R_{甲} > R > R_{Z}$

【解析】(1) 甲電路 $R_{甲} = \dfrac{\text{\textcircled{V}}}{\text{\textcircled{A}}} = \dfrac{IR_A + IR}{I} = R_A + R = R(\dfrac{R_A}{R} + 1)$

乙電路 $R_Z = \dfrac{\text{\textcircled{V}}}{\text{\textcircled{A}}} = \dfrac{V}{\dfrac{V}{R} + \dfrac{V}{R_v}} = \dfrac{R \cdot R_v}{R + R_v} = \dfrac{R}{\dfrac{R}{R_v} + 1}$

當 R 很小時，$\dfrac{R}{R_v}$ 趨近於零，但 $\dfrac{R_A}{R}$ 不趨近於零，

故 R_Z 較準確

(2) 需讀取伏特計讀數 V 及安培計讀數 I，以兩讀數

作 $V-I$ 圖

若數據點成過原點的斜直

線，即 $V \propto I$

稱此電阻滿足歐姆定律，

如右圖

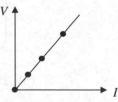

(3) 測得數據組的 $V-I$ 圖斜率即為電阻值

其中甲、乙兩電路的電阻實驗值 $R_{甲}$、R_Z 與實際

值 R 的關係為：

$$R_{甲} = R_A + R > R \text{ , } R_Z = \dfrac{R \cdot R_v}{R + R_v} = \dfrac{R}{\dfrac{R}{R_v} + 1} < R$$

可知 <u>$R_{甲} > R > R_{Z}$</u>

九十八學年度指定科目考試（物理）

大考中心公佈答案

題　號	答　　案	題　號	答　　案
1	B	16	C
2	B	17	D
3	C	18	E
4	E	19	E
5	D	20	A
6	C	21	AD
7	C	22	AE
8	C	23	ACE
9	A	24	CDE
10	D		
11	E		
12	E		
13	E		
14	E		
15	C		

九十八學年度指定科目考試
各科成績標準一覽表

科　　目	頂　標	前　標	均　標	後　標	底　標
國　文	65	60	51	42	34
英　文	74	63	44	24	12
數學甲	74	59	38	20	10
數學乙	66	55	39	24	15
化　學	73	62	44	26	16
物　理	72	59	40	22	12
生　物	79	70	56	42	32
歷　史	68	61	52	39	29
地　理	67	62	52	41	30
公民與社會	73	65	52	39	30

※ 以上五項標準均取爲整數（小數只捨不入），且其計算均不含缺考生之成績，
　計算方式如下：

　頂標：成績位於第 88 百分位數之考生成績。

　前標：成績位於第 75 百分位數之考生成績。

　均標：成績位於第 50 百分位數之考生成績。

　後標：成績位於第 25 百分位數之考生成績。

　底標：成績位於第 12 百分位數之考生成績。

例：　某科之到考考生爲 99982 人，則該科五項標準爲

　　頂標：成績由低至高排序，取第 87985 名（99982×88%=87984.16，取整數，
　　　　　小數無條件進位）考生的成績，再取整數(小數只捨不入)。

　　前標：成績由低至高排序，取第 74987 名（99982×75%=74986.5，取整數，
　　　　　小數無條件進位）考生的成績，再取整數(小數只捨不入)。

　　均標：成績由低至高排序，取第 49991 名（99982×50%=49991）考生的成績，
　　　　　再取整數(小數只捨不入)。

　　後標：成績由低至高排序，取第 24996 名（99982×25%=24995.5，取整數，
　　　　　小數無條件進位）考生的成績，再取整數(小數只捨不入)。

　　底標：成績由低至高排序，取第 11998 名（99982×12%=11997.84，取整數，
　　　　　小數無條件進位）考生的成績，再取整數(小數只捨不入)。

九十七年大學入學指定科目考試試題
物理考科

物理常數

計算時如需要可利用下列數值

重力加速度量值　$g = 9.8$ m/s^2

理想氣體常數　$R = 8.31$ J/(mole・K)

一標準大氣壓　$(1$ atm$) = 1.01 \times 10^5$ N/m^2

原子質量單位　$1u = 1.661 \times 10^{-27}$ kg $= 931.5$ MeV/c^2

卜朗克常數　$h = 6.63 \times 10^{-34}$ J・s

第壹部分：選擇題（佔 80 分）

一、單選題（40 分）

說明：第 1 至第 10 題，每題選出一個最適當的選項，標示在答案卡
之「選擇題答案區」。每題答對得 4 分，答錯或劃記多於一個
選項者倒扣 1 分，倒扣到本大題之實得分數為零為止。未作
答者，不給分亦不扣分。

1. 已知無風時，空氣中的聲速是 v_0。而某日風速為 w，一輛警車以
速度 u（$w < u < v_0$）在筆直的公路上前進。假設 u、w 方向相同，
在某一時間，車上的警笛開始響起，這時在它正前方距離 L 處的
靜止聽者，過了多少時間後才會開始聽到警笛聲？

(A) $\dfrac{L}{v_0}$

(B) $\dfrac{L}{v_0 + w}$

(C) $\dfrac{L}{v_0 + u - w}$

(D) $\dfrac{L}{v_0 + u}$

(E) $\dfrac{L}{v_0 - u + w}$

2. 某生以波長 0.25 埃的 X 光照射石墨，做康卜吞散射實驗，並在
   散射角 120° 處測量散射後 X 光之光譜。試問該生測得的光譜，
   其峰值的個數及其對應的波長爲何？（康卜吞散射公式爲 $\Delta\lambda = \lambda_c$
   $(1 - \cos\theta)$，而 $\lambda c = 0.0243$ 埃）
   (A) 有一個峰值，其波長爲 0.21 埃
   (B) 有一個峰值，其波長爲 0.25 埃
   (C) 有一個峰值，其波長爲 0.29 埃
   (D) 有二個峰值，其波長爲 0.25 埃與 0.29 埃
   (E) 有二個峰值，其波長爲 0.21 埃與 0.25 埃

3. 一艘質量爲 2.40×10^6 kg、體積爲 2800 m³
   的潛艇，浮在長和寬分別爲 80 m 和 10 m
   的船塢中，這時水深爲 8.0 m。當潛艇自
   船塢本身抽入 0.60×10^6 kg 的水而完全沈
   入水中時，船塢裡水位的變化約爲多少？

   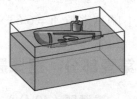
   （船塢示意圖）

   (A) 下降 0.75 m　　　(B) 下降 0.25 m　　　(C) 不變
   (D) 上升 0.50 m　　　(E) 上升 0.75 m

4. 一人在水平地面上，分別以斜向上拉及斜向下推等兩種方式使行
   李箱等速度往前移動，若拉力及推力與水平面的夾角皆爲 θ，如
   圖 1 所示。已知行李箱與地面的動摩擦係數爲 0.30，且 $\sin\theta =$
   0.60，$\cos\theta = 0.80$，則拉力大小爲推力大小的幾倍？

   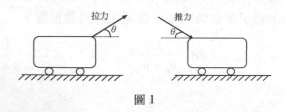
   圖 1

   (A) 0.40　　(B) 0.63　　(C) 0.81　　(D) 1.00　　(E) 1.60

5. 在直線等加速度運動實驗中，如果打點計時器的打點頻率為
50 Hz，今取其中一段打點記錄，並將連續相鄰的點依序編號，
測量編號 10～15 以及編號 60～65 的點距如圖 2 所示，則加速
度的量值約為多少 cm/s^2？

(A) 70　　　(B) 80　　　(C) 90　　　(D) 100　　　(E) 500

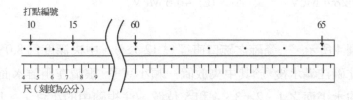

圖 2

6. 有兩個體積相同、質量分別為 M 和 2 M 的小圓球甲和乙，以一
細直剛棒 (受力不變形的棒) 相連，置於光滑水平面上，剛棒的
質量及空氣阻力可忽略。今於某一極
短的時間內，在棒的中心處施一衝量
$\vec{J}$，其俯視圖如圖 3 所示。考慮在此
衝量作用結束後，有關此二球和棒的
運動情形，下列敘述何者正確？(剛
體受力運動可解析成質心的直線運動
及繞質心的轉動)

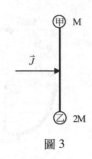

圖 3

(A) 兩球系統的質心以等速度作直線運動，棒不旋轉
(B) 兩球系統的質心以等加速度作直線運動，棒不旋轉
(C) 兩球系統的質心以等速度作直線運動，棒順時針旋轉
(D) 兩球系統的質心以等速度作直線運動，棒逆時針旋轉
(E) 兩球系統的質心以等加速度作直線運動，棒順時針旋轉

7. 已知質子之質量為 1.0073 u，氦原子核（$^4_2$He）之質量為 4.0026 u，
   鋰原子核（$^7_3$Li）之質量為 7.0160 u。以具有 700 keV 動能的質子
   去擊打鋰靶，而產生二個氦核。依愛因斯坦的 E = mc² 質能互換
   公式估算，兩個氦核所帶的總動能約為多少？
   (A) 140 keV   (B) 700 keV   (C) 17.6 MeV
   (D) 28.4 MeV   (E) 46.6 MeV

8. 如圖 4 所示，一瓷碗之碗口直徑為 12 公分，中央深度為 8.0 公分。
   在此碗注滿水後，於其中央放置一顆小豆子，眼睛在距離水面 18 公
   分的水平面之 1、2、3、4 和 5 位置，注視碗中的小豆子。1 號位
   置是在碗中央的正上方，而相鄰位置各相隔 6 公分。有哪些位置
   可以看見碗中的小豆子？（假設水的折射率為 4/3）
   (A) 僅有 1   (B) 僅有 1 和 2   (C) 僅有 2 和 3
   (D) 僅有 1、2、3 和 4   (E) 5 個位置都可以看到

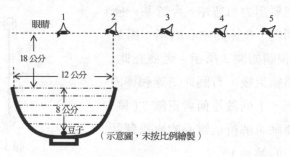

圖 4

9. 如圖 5 所示，一直角三角形線圈兩邊長分別為 a 及 l、電阻為 R，
   以等速度 v 通過一範圍為 d（$d > a$）強度為 B 的均勻磁場，磁場
   的方向為垂直射入紙面，在時間 $t = 0$ 時，線圈的前緣恰接觸磁
   場的邊緣。則線圈上的感應電流 i 與時間 t 的關係圖是下列何者？
   （設電流逆時針方向為正）

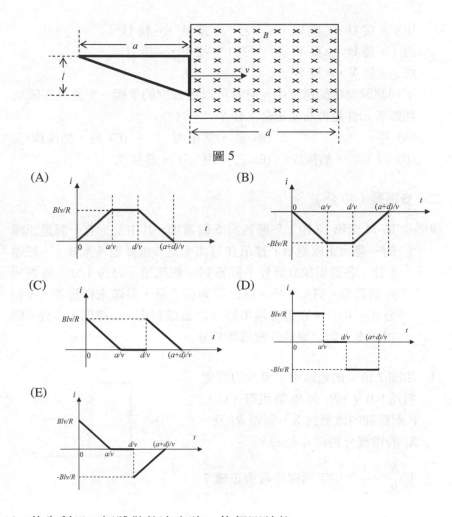

圖 5

10. 某生利用二極體做整流實驗，他想測試整流電路中的二極體和負載電阻 *R* 是否均能正常工作，於是將二極體與電阻兩元件的組合 (如圖 6) 取下後，以設在歐姆檔位的三用電表做測量。如下列所示，甲～戊為三用電表「＋」、「－」接頭與元件的各種可能接法：

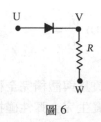

圖 6

甲：＋接 U，－接 W　　　乙：＋接 W，－接 U

丙：＋接 U，－接 V　　　丁：＋接 V，－接 U

戊：＋接 V，－接 W

下列測試過程的選項中，何者可以用最少的步驟，完整且正確地判斷各元件是否均能正常工作？

(A) 甲
(B) 乙、然後丙
(C) 丙、然後戊
(D) 丙、丁、然後戊
(E) 乙、丙、丁、然後戊

二、多選題（40 分）

說明：第 11 至第 18 題，每題各有 5 個選項，其中至少有一個是正確的。選出正確選項，標示在答案卡之「選擇題答案區」。每題 5 分，各選項獨立計分，每答對一個選項，可得 1 分，每答錯一個選項，倒扣 1 分，完全答對得 5 分，整題未作答者，不給分亦不扣分。在備答選項以外之區域劃記，一律倒扣 1 分。倒扣到本大題之實得分數為零為止。

11. 如圖 7 所示的電路中，電池的端電壓為 9.0 V，R_1 與 R_2 為電阻，O、P 兩點間的電壓為 X，通過 R_1 及 R_2 的電流分別為 i_1 及 i_2。

若 $\dfrac{R_1}{R_2} = \dfrac{1}{2}$，則下列哪些選項正確？

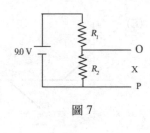

圖 7

(A) X = 4.5 V
(B) X = 6.0 V
(C) X = 7.5 V

(D) $\dfrac{i_1}{i_2} = 2$
(E) $\dfrac{i_1}{i_2} = 1$

12. 質量與體積完全相同的甲、乙兩均質光滑圓球，在光滑水平面上發生完全彈性碰撞，碰撞前乙球靜止，甲球以速率 v 向右撞向乙球。下列有關兩球碰撞的敘述何者正確？

(A) 若爲對正碰撞，碰撞後甲球靜止，乙球以 v 向右運動

(B) 若爲對正碰撞，碰撞後甲、乙兩球均以 $v/2$ 的速率向右運動

(C) 若不是對正碰撞，碰撞後兩球速度的夾角一定小於 90°

(D) 若不是對正碰撞，碰撞後兩球的速度一定相互垂直

(E) 不論是否爲對正碰撞，碰撞前後兩球的動量和與動能和不變

13. 若樂器的空氣共振腔，爲一端閉口，另一端開口之圓柱型空管，而圓柱型空管內之聲速爲 v，其長度爲 L，則下列哪些敘述正確？

(A) 這樂器基音的頻率爲 $\dfrac{v}{4L}$

(B) 這樂器可演奏出頻率爲 $\dfrac{v}{8L}$ 與 $\dfrac{v}{12L}$ 的泛音

(C) 空氣分子在開口端的縱向 (聲波傳遞方向) 最大位移比閉口端的縱向最大位移大

(D) 空氣分子在開口端的縱向 (聲波傳遞方向) 最大位移與閉口端的縱向最大位移相等

(E) 若改用兩端都開口之空管，則基音的頻率會升高

14. 小明對某定量理想氣體做壓力 P 與體積 V 在恆溫下的實驗，溫度爲 T_1 與 T_2 時的 P-V 曲線如圖 8 所示。已知 T_1 爲 $27^\circ C$，下列有關此理想氣體的敘述何者正確？

(A) 此理想氣體分子的方均根速率在 T_1 與 T_2 時相同

(B) 此理想氣體約爲 27 莫耳

(C) 此理想氣體約爲 2.4 莫耳

(D) T_2 約爲 $400^\circ C$

(E) T_2 約爲 $127^\circ C$

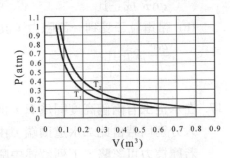

圖 8

15. 如圖 9 所示，在一厚度均勻的石英玻璃片上，鍍有甲、乙兩種
    透光性極佳的均勻薄膜，它們的寬度都為 0.25 mm、厚度都為
    2.7 µm。一直徑約為 0.40 mm、波長
    為 432nm 的雷射光束對準兩膜的中
    心 C 處垂直膜面入射，若甲膜的折
    射率為 1.52，乙膜的折射率為 1.60，
    則下列敘述哪些選項正確？

    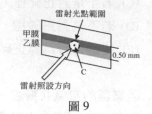
    圖9

    (A) 甲膜內與乙膜內的雷射光頻率相同
    (B) 甲膜內與乙膜內的雷射光波速相同
    (C) 甲膜內的雷射光波長大於乙膜內的雷射光波長
    (D) 甲膜內的雷射光波長小於乙膜內的雷射光波長
    (E) 若使穿透甲、乙兩膜的雷射光束，利用透鏡使之交會於透
        鏡焦點處，則在該處會產生破壞性干涉

16. 如圖 10 所示，在某一瞬間，有一電量為 $+q$ ($q>0$) 的粒子，距
    離一鉛垂直立且載有電流 i 的長直導線 R 處，以 v 的速度平行導
    線鉛垂向上運動。設 x 及 y 的方向如圖中所示，垂直射入紙面方
    向為 $+z$；若不計地磁的影響，在此瞬間，下列哪些敘述正確？

    (A) 帶電粒子不受電磁力
    (B) 帶電粒子受電磁力的方向在 $+z$ 方向
    (C) 帶電粒子受電磁力的方向在 $+x$ 方向
    (D) 帶電粒子受到一電磁力，其量值與
        $qivR$ 成正比
    (E) 帶電粒子受到一電磁力，其量值與
        $\dfrac{qiv}{R}$ 成正比

    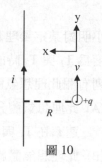
    圖10

17. 在水池上有兩個高度同為 H，但不同形狀的滑水道。甲、乙兩
    人分別同時自此二水道頂端，由靜止開始下滑，如圖 11 所示。
    若摩擦力可忽略，下列敘述中哪些是正確的？

(A) 下滑很短時間後，甲的速率比乙大

(B) 到達水道底端時，甲的速率比乙大

(C) 到達水道底端時，甲和乙的速率相同

(D) 下滑過程中，甲的速率愈來愈大

(E) 下滑過程中，甲沿水道切線方向的加
速度愈來愈大

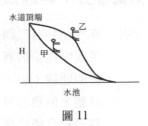

圖 11

18. 如圖 12 (a) 所示，半徑爲 b 且位置固定的細圓環上，帶有總
電量爲 $+Q$ ($Q > 0$) 的均勻電荷，O 點爲圓環的圓心，z 軸通
過 O 點且垂直於環面，P 點在 z 軸上，它與 O 點的距離爲 d。

令 $k = \dfrac{1}{4\pi\varepsilon_0}$ 爲庫侖定律中的比例常數，距離 O 點無窮遠處的

電位爲零，則下列敘述哪些正確？

(A) 圓心 O 點的電場量值爲 $\dfrac{kQ}{b}$

(B) P 點的電場量值爲 $\dfrac{kQ}{d^2+b^2}$

(C) P 點的電位等於 $\dfrac{kQd}{(d^2+b^2)^{3/2}}$

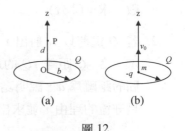

(a)　　　(b)

圖 12

(D) O 點的電位等於 $\dfrac{kQ}{b}$

(E) 質量爲 m 的點電荷 $-q$ ($q > 0$) 從 O 點以初速 $v_0 = \sqrt{\dfrac{kQq}{mb}}$ 沿 z

軸射出，如圖 12 (b) 所示，則此點電荷移動 $\sqrt{3}b$ 距離後，
其速度減爲零

第貳部分：非選擇題（佔 20 分）

說明：本大題共有二題，都要用較粗的黑色或藍色的原子筆、鋼珠
　　　筆或中性筆書寫。答案務必寫在「答案卷」上，並於題號欄
　　　標明題號（一、二）與子題號（1、2、3…）。作答時不必
　　　抄題，但務必寫出計算過程或理由，否則將酌予扣分。
　　　每題配分標於題末。

一、　點電荷 $+Q$ 及 $-Q$ $(Q > 0)$ 位在同一平面上，$+Q$ 的位置固定，
　　　$-Q$ 的質量為 m，且和 $+Q$ 的距離為 b。$-Q$ 電荷以垂直於兩電
　　　荷連線的方向射出。回答下列各問題：

1. 若點電荷 $-Q$ 以 v 射出，繞 $+Q$ 作半徑為 b 的等速率圓周運

　動，如圖 13 (a) 所示，令 $k = \dfrac{1}{4\pi\varepsilon_0}$ 為庫侖定律中的比例常

　數，求 v (2 分)

2. 若 $-Q$ 電荷以 v_0 射出，則循一橢圓軌跡運動，如圖 13 (b) 所
　示。令 $-Q$ 距離 $+Q$ 的最遠點為 A 點，且令 A 點與 $+Q$ 電荷
　間的距離為 a，說明點電荷 $-Q$ 相對於點電荷 $+Q$ 的角動量
　是守恆的理由，並求出此角動量的量值與方向 (4 分)

3. 承第 2 小題，若 $v_0 = \sqrt{\dfrac{3kQ^2}{2mb}}$，求 $-Q$ 在 A 點的速率 (以 v_0

　及數字表示) 及 a 的大小 (以 b 及數字表示) (4 分)

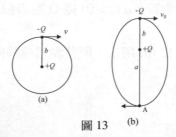

圖 13

二、 小明在二維空間碰撞實驗中(見圖 14 (a) 的實驗示意圖)，獲得的水平白紙上的記錄，如圖 14 (b) 所示：O_1 及 O_2 分別為入射鋼球 (簡稱球 1) 及被撞鐵球 (簡稱球 2) 在碰撞處靜止時球心的投影，p_1 為碰撞前 (不放置球 2 時) 多次實驗所得球 1 的平均落點，而 p'_1 及 p'_2 分別為碰撞後多次實驗所得球 1 與球 2 的平均落點。假設二球半徑大約相等，且球 1 以水平方向碰撞球 2，問：

1. 做實驗時，除了測量球 1 及球 2 的質量 m_1 及 m_2 外，還需測量白紙上的哪些量？(3 分)

2. 上一小題 (題 1) 的各測量量間，要有怎樣的關係，才能證明球 1 及球 2 碰撞前的總動量與碰撞後的總動量相等？(4 分)

3. 小明在操作實驗時，若發現碰撞後兩球落到白紙的時間不同，則捨去該兩記錄點，並微調球 2 的鉛直位置，再重做實驗，其原因為何？(3 分)

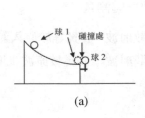

(a)

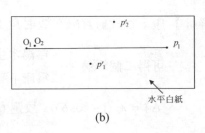

(b)

圖 14

九十七年度指定科目考試物理科試題詳解

第壹部分：選擇題

一、單選題

1. **B**

【解析】　空氣中聲音傳播速率為 $V_0 \pm W$（順風取＋，逆風取－）

題中 V_0 為聲音相對於空氣之速度，聽者位於聲源正前

方故為順風 $\Rightarrow$ 則 $\Delta t = \dfrac{L}{V_0 + W}$

2. **D**

【解析】　康卜吞散射實驗在散射角 120° 處測量

可得二個峰值 $\begin{cases} \text{一為湯木生散射波，波長等於原入射波長} \\ \text{二為康卜吞散射波，波長較原波長增加} \end{cases}$

$\Delta\lambda = \lambda_C(1 - \cos\theta)$，故選 (D)

3. **B**

【解析】

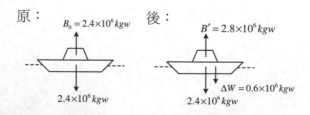

原：$B_0 = 2.4 \times 10^6\,kgw$　　後：$B' = 2.8 \times 10^6\,kgw$

$\Delta W = 0.6 \times 10^6\,kgw$

$2.4 \times 10^6\,kgw$　　　$2.4 \times 10^6\,kgw$

原浮力 $=2.4\times10^6\,kgw=$ 排開液重

液下體積 $=2400m^3$，液上體積 $400m^3$

加水浸入：浮力增加，$0.4\times10^6\,kgw$

但減少 $0.6\times10^6\,kgw$

$\therefore$ 總減少 $0.2\times10^6\,kgw=\rho\Delta V=\rho\cdot A\Delta h$

$\therefore \Delta h=0.25m$（下降）

4. B

【解析】　拉力 $F_1=\dfrac{mg\mu}{\cos\theta+\sin\theta\mu}$

$\qquad\qquad\qquad\qquad\qquad\Rightarrow\dfrac{F_1}{F_2}=\dfrac{\cos\theta-\sin\theta\mu}{\cos\theta+\sin\theta\mu}=0.63$

$\qquad$推力 $F_2=\dfrac{mg\mu}{\cos\theta-\sin\theta\mu}$

5. D

【解析】　由圖中觀察得知點 10～點 15 間隔 3cm

$\qquad\Rightarrow$ 每組 $\Delta t=\dfrac{1}{50}\times5=\dfrac{1}{10}(s)$

$\qquad$點 60～點 65 間隔 13cm

$\qquad\Rightarrow$ 位移公差 $=\dfrac{13-3}{10}=1(cm)$

$\qquad$此為等加速度運動且可視為連續等時距

$\qquad\Rightarrow a=\dfrac{位移公差}{(\Delta t)^2}=\dfrac{1}{(1/10)^2}=100\,{}^{cm}\!/\!{}_{s^2}$

6. **C**

【解析】 衝量作用結束後，此系統不受外力，故質心必做等速度直線運動。

衝量 $\bar{J}$ 作用之極短時間內由質心觀察可見兩物體均受假想力 $\bar{F_i} = -m\bar{a_c}$（a_c 為質心加速度）

則 乙物受假想力 $2Ma_c$ 向後
　　甲物受假想力 Ma_c 向後 $\Rightarrow$ 乙物所受力矩大於甲物所受力矩（對質心）

故系統將順時針旋轉

7. **C**

【解析】 $_3^7Li + _1^1P \rightarrow 2_2^4He$

則質量減少 $7.016 + 1.0073 - 2 \times 4.0026 = 0.0181 (u)$

$\Rightarrow$ 由 $E = mc^2$

$\Rightarrow E = \dfrac{0.0181 \times \dfrac{10^{-3}}{6.02 \times 10^{23}} \times (3 \times 10^8)^2}{1.6 \times 10^{-19}} eV \approx 17.6 MeV$

8. **E**

【解析】 將豆子視為光源，其由水中發出光線之最大入射角為 $37°$，由司乃耳折射定律可知其最大折射角為 $53°$（$\dfrac{4}{3} \times \dfrac{3}{5} = 1 \times \sin r, r = 53°$），則光線將恰可射至位置 5

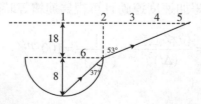

9. **E**

【解析】 由法拉第電磁感應定律 $\varepsilon = -\dfrac{d\phi_B}{dt} = \ell VB$

(1) 由線圈剛接觸磁場，至完全進入磁場，其有效 ℓ 逐漸減少，故 I 由極大漸少，電流方向為逆時針（以冷次定律判斷）

(2) 由線圈完全進入磁場範圍內，至其前端將脫離磁場 ⇒ 其範圍磁通量不變，故電流為 0

(3) 由線圈前端將脫離磁場範圍，至其完全脫離磁場 ⇒ 其有效 ℓ 由一開始最多至完全離開時逐漸減少，則電流亦漸次減少，電流方向為順時針

綜合以上判斷，選 (E)

10. **D**

【解析】 (1) 由丙、丁可判斷二極體是否正常

(2) 由戊可判斷電阻 R 是否正常

二、多選題

11. **BE**

【解析】 (D) (E) ∵ R_1，R_2 為串聯，故 $i_1 = i_2$ 選 (E)，不選 (D)

(A) (B) (C) $V_{R_1} : V_{R_2} = R_1 : R_2 = 1 : 2$

$$(\because i_1 = i_2)$$

$$\Rightarrow V_{R_2} = 9 \times \frac{2}{1+2} = 6.0V = x$$

12. **ADE**

【解析】 (A) (B) 正向彈性碰撞且甲、乙質量均相同，則碰後
速度交換，故 $V'_\text{甲} = V_\text{乙0} = 0$ ，$V'_\text{乙} = V_\text{甲} = V$ ，故選 (A)，
不選 (B)

(C) (D) 若爲斜向彈性碰撞，

則甲散射角 $\begin{array}{l}\text{甲散射角}\ \theta_1\\ \text{乙散射角}\ \theta_2\end{array}$ $\Rightarrow \theta_1 + \theta_2 = 90°$ ，

故選 (D)，不選 (C)

(E) 凡彈性碰撞皆遵守碰撞前後動量及動能守恆

13. **ACE**

【解析】 (A) (B) 一端開口一端閉口可奏出之頻率爲

$f = \dfrac{(2n-1)V}{4L}$ ，n 爲正整數，故 $n = 1$ 時 (A) 對，

但 $\dfrac{V}{8L}$ 及 $\dfrac{V}{12L}$ 之泛音不可能出現，(B) 不選

(C) (D) 開口端爲腹點，閉口端爲節點，故 (C) 正確，

(D) 不選

(E) 若兩端皆開口，則 $f = \dfrac{nV}{2L}$ ，其基音爲

$f_1 = \dfrac{V}{2L} > \dfrac{V}{4L}$ ，故基音頻率升高

14. **CE**

【解析】 (A) $V_{rms} = \sqrt{\dfrac{3KT}{m}} = \sqrt{\dfrac{3RT}{M}} = \sqrt{\dfrac{3P}{\rho}}$ ，可任選某一壓力

狀態時（如 $P = 0.3atm$ ）其體積不同，故 ρ 不同，
則 V_{rms} 必不相同（×）

(B) (C) 由 $PV = nRT \Rightarrow n = \dfrac{PV}{RT} = \dfrac{0.6 \times 100}{0.082 \times 300} \approx 2.4 mol$，

選 (C)，不選 (B)

(D) (E) 由 $P = 0.2atm$ 時判斷 T_1 對應體積為 $0.3m^3$，

T_2 對應體積為 $0.4m^3$

$\Rightarrow \dfrac{V_2}{V_1} = \dfrac{T_2}{T_1} = \dfrac{4}{3} \Rightarrow T_2 = 300 \times \dfrac{4}{3} = 400K = 127°C$

選 (E)，不選 (D)

15. **ACE**

【解析】 (A) (B) (C) (D) 光徑不同介質之率不變，

但 $V = \dfrac{C}{n}$ 隨介質 n 而變化，故 (A) 正確，(B) 不選

$\lambda_n = \dfrac{\lambda_0}{n} \propto \dfrac{1}{n} \Rightarrow \lambda_{甲} > \lambda_{乙}$，(D) 不選，(C) 正確

(E) 其波程差為

$\dfrac{2.7\mu m}{\dfrac{432}{1.6}nm(\lambda_乙)} - \dfrac{2.7\mu m}{\dfrac{432}{1.52}(\lambda_甲)} = \dfrac{2700}{432}(1.6 - 1.52) = 0.5$ (個波)

故會產生破壞性干涉，(E) 正確

16. **CE**

【解析】 (A) (B) (C) 帶電粒子有速度 V，故可視為具有電流，

在磁場會受到電磁力（勞侖茲力）(A) 不選，

且由 $\overline{F_B} = q\overline{V} \times \overline{B}$（右手開掌定則）可知 $\overline{F_B}$ 向 $+x$ 方向，

(B) 不選，(C) 正確

(D) (E) $\overline{F_B} = q\overline{V} \times \overline{B} \Rightarrow F_B = qV \cdot \dfrac{\mu_{0i}}{2\pi R} \propto \dfrac{qiV}{R}$，故選 (E)，

不選 (D)

17. **ACD**

【解析】 甲之加速度由大變小 $\Rightarrow a = g \sin\theta$（$\theta$ 為該時刻滑水道之切線俯角。）

乙之加速度由小變大

(A) 剛開始下滑，甲之俯角較大，$a_{甲} > a_{乙}$，

則 $V = V_0 + at \Rightarrow V_{甲} > V_{乙}$（✔）

(B) (C) 由於 $W_{非} = 0$，可用力學能守恆分析，則其末速

$V = \sqrt{2gH}$ 相同　∴ (B)（×），(C)（✔）

(D) 甲位能一直減少，速率越來越大（✔）

(E) a 越來越小（∵俯角漸小）（×）

18. **DE**

【解析】 (A) ∵各方向電荷均勻分布，

∴O 點電場為 0（×）

(B) $E_p = \dfrac{kQd}{(d^2 + b^2)^{\frac{3}{2}}}$（×）

(C) $V_p = \dfrac{kQ}{(d^2 + b^2)^{\frac{1}{2}}}$（×）

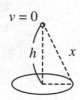

(D) $V_0 = \dfrac{kQ}{b}$（✔）

(E) 由於 $W_{非} = 0$，以力學能守恆分析，

$\dfrac{1}{2}m(\sqrt{\dfrac{kQq}{mb}})^2 + (\dfrac{-kQq}{b}) = 0 + (\dfrac{-kQq}{x})$

$\Rightarrow$ 可知 $x = 2b$，$h = \sqrt{3}b$（✔）

第貳部分：非選擇題

一、【答案】　(1) $v = \sqrt{\dfrac{kQ^2}{mb}}$

　　　　　　(2) $\sqrt{\dfrac{2abmkQ^2}{a+b}}$ ，方向垂直入紙面

　　　　　　(3) $v_A = \dfrac{v_0}{3}$

【解析】　(1) 庫侖力作為向心力 $F_e = ma_c$

$$\Rightarrow \frac{kQ^2}{b^2} = m\frac{v^2}{b} \Rightarrow v = \sqrt{\frac{kQ^2}{mb}}$$

　　　　　　(2) 因庫侖力為連心力，力矩為零，故角動量守恆

　　　　　　　　由角動量守恆 $mv_0b = mv_Aa$

　　　　　　　　由力學能守恆 $\dfrac{1}{2}mv_0^2 + (-\dfrac{kQ^2}{b}) = \dfrac{1}{2}mv_A^2 + (-\dfrac{kQ^2}{a})$

　　　　　　　　聯立可得 $v_0 = \sqrt{\dfrac{2akQ^2}{mb(a+b)}}$

　　　　　　　　$\Rightarrow$ 角動量 $L = mv_0b = \sqrt{\dfrac{2abmkQ^2}{a+b}}$

　　　　　　　　由右手定則，方向垂直入紙面

　　　　　　(3) 承上 $v_0 = \sqrt{\dfrac{2akQ^2}{mb(a+b)}}$ ，由題意 $v_0 = \sqrt{\dfrac{3kQ^2}{2mb}}$

　　　　　　　　聯立解之可得 $a = 3b$ ，

　　　　　　　　代入角動量守恆 $mv_0b = mv_Aa \Rightarrow v_A = \dfrac{v_0}{3}$

二、【答案】 (1) (p'_{1x}, p'_x)，(p'_{2x}, p'_{2y})，(O_{2x}, O_{2y})

　　　　　 (2) 略

　　　　　 (3) 略

【解析】 (1) 取 $\overline{O_1p_1}$ 為 x 軸，畫垂直 x 軸之 y 軸，O_1 為原點

量測 $\overline{O_1p_1}$ 之長度，以及 p'_1，p'_2，O_2 之座標，

分別為(p'_{1x}, p'_x)，(p'_{2x}, p'_{2y})，(O_{2x}, O_{2y})

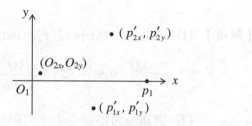

(2) 承上，動量守恆

x 軸： $m_1\overline{O_1p_1} = m_1\overline{O_1p'_{1x}} + m_2\overline{O_{2x}p'_{2x}}$

y 軸： $O = m_1\overline{O_1p'_{1y}} + m_2\overline{O_{2y}p'_{2y}}$

(3) 若落下時間不同，表示 m_1、m_2 飛行過程非水平
拋射，無法以射程代表碰後速度大小，重新調
整使之碰後作水平拋射即可。

九十七學年度指定科目考試（物理）

大考中心公佈答案

題　號	答　　　案	題　號	答　　　案
1	B	16	CE
2	D	17	ACD
3	B	18	DE
4	B		
5	D		
6	C		
7	C		
8	E		
9	E		
10	D		
11	BE		
12	ADE		
13	ACE		
14	CE		
15	ACE		

九十七學年度指定科目考試
各科成績標準一覽表

科目	頂標	前標	均標	後標	底標
國文	64	58	49	38	30
英文	76	64	41	20	9
數學甲	77	64	43	23	13
數學乙	71	58	39	21	11
化學	69	56	36	19	10
物理	63	49	29	14	7
生物	72	63	49	35	25
歷史	62	52	37	23	14
地理	68	62	51	38	27

※ 以上五項標準均取為整數（小數只捨不入），且其計算均不含缺考生之成績，計算方式如下：

頂標：成績位於第 88 百分位數之考生成績。

前標：成績位於第 75 百分位數之考生成績。

均標：成績位於第 50 百分位數之考生成績。

後標：成績位於第 25 百分位數之考生成績。

底標：成績位於第 12 百分位數之考生成績。

例：　某科之到考考生為 99982 人，則該科五項標準為

頂標：成績由低至高排序，取第 87985 名（99982×88%=87984.16，取整數，小數無條件進位）考生的成績，再取整數(小數只捨不入)。

前標：成績由低至高排序，取第 74987 名（99982×75%=74986.5，取整數，小數無條件進位）考生的成績，再取整數(小數只捨不入)。

均標：成績由低至高排序，取第 49991 名（99982×50%=49991）考生的成績，再取整數(小數只捨不入)。

後標：成績由低至高排序，取第 24996 名（99982×25%=24995.5，取整數，小數無條件進位）考生的成績，再取整數(小數只捨不入)。

底標：成績由低至高排序，取第 11998 名（99982×12%=11997.84，取整數，小數無條件進位）考生的成績，再取整數(小數只捨不入)。

九十六年大學入學指定科目考試試題
物理考科

物理常數

計算時如需要可利用下列數值

重力加速度量值　$g=9.8\text{m}/\text{s}^2$

第壹部分：選擇題（佔 80 分）

一、單選題（40 分）

說明：第 1 題至第 10 題，每題選出一個最適當的選項，標示在答案
卡之「選擇題答案區」。每題答對得 4 分，答錯或劃記多於一
個選項者倒扣 1 分，倒扣到本大題之實得分數為零為止，未
作答者，不給分亦不扣分。

1. 一質量為 m 的小球，在一光滑水平面上，以速度 $\vec{v}_0$ 作直線運動。
在時間 $t=0$ 時，小球開始受一定力 $\vec{F}$ 的作用，如圖 1 所示，$\vec{F}$ 與
$\vec{v}_0$ 的夾角為 $\pi/4$，其量值分別為 F 及 v_0。設 $\vec{F}$ 的方向為正 x- 軸方
向，y- 軸與之垂直，則在之後的時間 $t=t'$ 時，下列何者正確？

(A) 小球動量在 x 方向的量值為 mv_0

(B) 小球動量在 y 方向的量值為
　$(\sqrt{2}/2)\,mv_0+F\,t'$

(C) 小球動量的方向與 x- 軸的夾角仍
　為 $\pi/4$

(D) 小球動量的量值為 $mv_0+F\,t'$

(E) 小球的動量在 x 方向的量值與在 y 方
　向的量值的比值為 $1+(\sqrt{2}\,F\,t'/mv_0)$

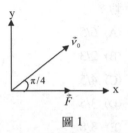

圖 1

2. 一質量為 m 之物體固定在一理想彈簧的右端，靜置在水平面上，彈簧的左端固定。設向右拉動物體一小距離，使彈簧較原長伸長 $2x$ 時，彈簧的位能為 U。放手後物體由靜止往左運動通過平衡點後，當彈簧較原長減縮 x 時，彈簧的位能為若干？
   (A) $U/4$
   (B) $-U/4$
   (C) $-U$
   (D) $U/2$
   (E) $-U/2$

3. 質量為 m 的甲球與質量為 $5m$ 的乙球分別固定在一長為 L 的細桿兩端，並繞其質心以角頻率 ω 旋轉，轉軸與細桿垂直，旋轉時細桿長度不變；設細桿極輕，其質量可以忽略不計，且兩球的直徑與桿長相比極小，也可以忽略不計。則相對於質心，此轉動系統的角動量的量值為下列何者？
   (A) $\dfrac{1}{2}mL^2\omega$
   (B) $\dfrac{2}{3}mL^2\omega$
   (C) $\dfrac{5}{6}mL^2\omega$
   (D) $\dfrac{21}{25}mL^2\omega$
   (E) $6mL^2\omega$

4. 有一均勻木棒，一端置於水平地面上，另一端以水平細繩繫至一鉛直牆壁，使木棒與地面夾 θ 角，如圖 2 所示。若已知 $\tan\theta = 3/4$，則木棒與地面之間的靜摩擦係數至少應為多少，木棒才不會滑動？
   (A) 6/5
   (B) 2/3
   (C) 4/5
   (D) 3/5
   (E) 3/8

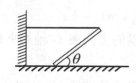

圖 2

5. 如圖 3 所示，在截面積爲 0.01 m² 的 U 形管中，注入密度爲500 kg/m³ 的油及密度爲 1000 kg/m³ 的水，左端開口有一活塞使之形成閉口端，活塞的質量及與器壁的摩擦力均可不計，活塞下方油深 0.1 m。試問需從活塞上方向下施以多大的力，才可維持左側閉口端的油面與右側開口端的水面等高？

(A) 0.98N

(B) 2.5N

(C) 4.9N

(D) 9.8N

(E) 490N

圖 3

6. 如圖 4 所示，在平行於 +y 方向上施加一強度爲 E 的均勻電場，另在垂直射出紙面的方向上施加一強度爲 B 的均勻磁場。起始時，有一質量爲 m、帶有正電荷 q 的質點，靜止放置在原點處。只受此電磁場的作用下（重力可不計），則在質點的運動過程中，下列敘述何者正確？

(A) 任何時刻質點的加速度朝向 +y 方向

(B) 任何時刻磁場對質點不作功

(C) 任何時刻電場對質點不作功

(D) 任何時刻磁場對質點的作用力爲零

(E) 質點在此電磁場中的運動軌跡爲圓形

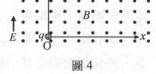

圖 4

7. 如圖 5 所示，將一揚聲器置於一管狀物的一端開口處，連續改變揚聲器發出的聲頻，發現當頻率爲 400 Hz、500 Hz、及

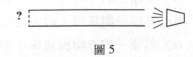

圖 5

600 Hz 時都會產生共鳴。關於此管狀物的敘述，下列何者可能
為正確？

(A) 另一端為閉口，基頻為 100 Hz

(B) 另一端為閉口，基頻為 200 Hz

(C) 另一端為開口，基頻為 100 Hz

(D) 另一端為開口，基頻為 200 Hz

(E) 另一端可以為開口，也可以為閉口

8. 小聰有一支會發綠光的雷射筆，他在實驗室中想用單狹縫繞射來
決定此綠光的波長，若已知單狹縫的縫寬為 d，他還需要測量下
列哪些物理量：筆的長度 ℓ、光源到屏壁的距離 L_1、單狹縫到屏
壁的距離 L_2、在屏壁上中央亮紋附近所產生兩暗紋的間距 y，才
能求得此綠光的波長？

(A) ℓ，L_1 (B) ℓ，L_2 (C) L_1，L

(D) y，L_1 (E) y，L_2

9. 甲、乙兩鋼瓶分別裝有3莫耳的氦氣及 1 莫耳的氬氣，兩鋼瓶維
持固定溫度，甲鋼瓶內氦氣的溫度為 300 K，乙鋼瓶內氬氣的溫
度為 450 K，且甲鋼瓶容積為乙鋼瓶容積的 2 倍。下列有關兩鋼
瓶內理想氣體的敘述中何者正確？（氦的原子量為 4，氬的原子
量為 40）

(A) 氦氣與氬氣的壓力不相等

(B) 氦原子與氬原子的平均動能相等

(C) 氦原子的平均動能小於氬原子的平均動能

(D) 氦原子與氬原子的方均根速率相等

(E) 氦原子的方均根速率小於氬原子的方均根速率

10. 依照波耳的氫原子模型，電子繞質子作等速率圓周運動。若已知電子的質量為 m，氫原子在基態時，電子的角動量的量值為 $\hbar$（$\hbar = \dfrac{h}{2\pi}$，h 為卜朗克常數），其軌道半徑為 a_0，則下列敘述何者正確？

(A) 氫原子在基態時，電子的角速率為 $\dfrac{\hbar}{ma_0}$

(B) 氫原子在基態時，電子的靜電位能為 $-\dfrac{\hbar^2}{ma_0^2}$

(C) 氫原子在基態時，電子的總能量為 $+\dfrac{\hbar^2}{2ma_0^2}$

(D) 氫原子在第一受激態時，電子的總能量為 $+\dfrac{2\hbar^2}{ma_0^2}$

(E) 作等速率圓周運動的電子在質子處產生的磁場為零

二、多選題（40分）

說明：第 11 至第 18 題，每題各有 5 個選項，其中至少有一個是正確的。選出正確選項，標示在答案卡之「選擇題答案區」。每題 5 分，各選項獨立計分，每答對一個選項，可得 1 分，每答錯一個選項，倒扣 1 分，完全答對得 5 分，整題未作答者，不給分亦不扣分。在備答選項以外之區域劃記，一律倒扣 1 分。倒扣到本大題之實得分數為零為止。

11. 將萬有引力常數當作已知，則從下面哪些選項中的兩個數據，就可以估計出地球的質量？

(A) 地球與同步衛星間的距離，地球的自轉周期

(B) 人造衛星的運動速率，人造衛星的周期

(C) 人造衛星與地球間的距離，人造衛星的周期

(D) 地球繞太陽運轉的周期，地球與太陽間的距離

(E) 月球繞地球運轉的周期，月球與地球間的距離

12. 當飛機以速率 v 作水平飛行時，若所受的空氣阻力可用 $f = -bv$
（$b > 0$，且爲常數）表示，負號表示此阻力方向與飛機飛行方向
相反，則下列敘述哪些正確？

(A) 當飛機以等速率水平飛行時，飛機的引擎所提供的水平推力
與飛機所受阻力大小相等方向相反

(B) 當飛機以等速率 $2v_0$ 水平飛行時，引擎所需提供的水平推力
大小爲當飛機以等速率 v_0 水平飛行時的兩倍

(C) 飛機以等速率水平飛行時，飛機所受昇力的大小等於飛機的
重量

(D) 飛機水平飛行時，單位時間內阻力所作的功與飛機的速率
無關

(E) 當飛機以等速率 $2v_0$ 水平飛行時，引擎輸出的功率爲飛機以
等速率 v_0 水平飛行時的 2 倍

13. 圖 6 所示爲一帶電粒子偵測器裝置的側視圖：在一水平放置、
厚度爲 d 之薄板上下，有強度相同但
方向相反之均勻磁場 B；上方之磁場
方向爲射入紙面，而下方之磁場方向
爲射出紙面。有一帶電量爲 q、質量
爲 m 之粒子進入此偵測器，其運動軌
跡爲如圖 6 中所示的曲線，粒子的軌
跡垂直於磁場方向且垂直穿過薄板。

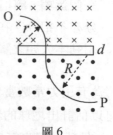

圖 6

如果薄板下方軌跡之半徑 R 大於薄板上方軌跡之半徑 r 時，設重力與空氣阻力可忽略不計，則下列哪些敘述是正確的？

(A) 粒子沿著軌跡由 O 點運動至 P 點

(B) 粒子帶正電

(C) 穿過薄板時，粒子動能增加

(D) 穿過薄板所導致的粒子動能改變量為 $\dfrac{1}{2}\dfrac{q^2B^2}{m}(R^2 - r^2)$

(E) 粒子穿過薄板時，所受到的平均阻力為 $\dfrac{qB}{md}(R^2 - r^2)$

14. 下列各選項中，哪些是電磁波？
    (A) 超聲波　　　　(B) 物質波　　　　(C) 紫外線
    (D) 陰極射線　　　(E) 黑體輻射

15. 如圖 7 所示的電路，是由電阻為 R 的電阻器與一個二極體 D 並聯，再以電阻可忽略的導線 L_1 與 L_2 分別連接到直流電源供應器 S 的正負極而成。設此二極體的順向偏壓為 V_d 時，通過的電流為 I_d。試問當電源供應器供應的電壓調升至 V_d 時，下列敘述中哪些正確？

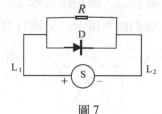

圖 7

    (A) 通過電阻器的電流一定小於 I_d
    (B) 通過電阻器的電流一定大於 I_d
    (C) 通過導線 L_1 或 L_2 的電流一定小於 I_d
    (D) 通過導線 L_1 或 L_2 的電流一定大於 I_d
    (E) 通過電阻器的電流為 V_d/R

16. 波列很長的四個橫波，都沿
    正 x 軸方向傳播，若 x 軸上
    O 與 P 兩點間距離為 L，在
    時間 t = t_0 看到此四個波的
    部份波形分別如圖 8 的甲、
    乙、丙及丁所示，其波速分
    別為 $4v$、$3v$、$2v$ 及 v。

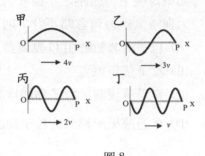

圖 8

    則下列敘述中哪些正確？

    (A) 頻率大小依序為丁＞丙＞乙＞甲

    (B) 甲與丁的周期相同，乙與丙的頻率相同

    (C) 甲的波長是乙的兩倍，乙的波長則是丁的兩倍

    (D) 在時間 t = t_0 後，O 點最早出現下一個波峰的是乙

    (E) 在時間 t = t_0 後，O 點最早出現下一個波谷的是丙

17. 下列各選項中，線框內之光學元件皆為
    透光玻璃製成。由線框左方射入單色平
    行光後，哪些線框內之光學元件可能造
    成如圖 9 所示之光線行進方向？

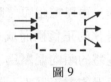

圖 9

    (A) 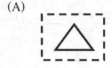　(B) 　(C)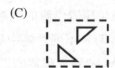

    (D) 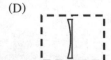　(E)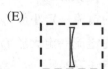

18. 釙 (Po) 是具有放射性的元素，其質量數 A = 210，原子序 Z = 84，它放射出的 α 粒子的動能 E = 5.3 MeV（百萬電子伏特），其衰變式可寫成為 Po → Y + α。下列敘述中哪些正確？

(A) Y 的 A = 208，Z = 80

(B) Y 的 A = 206，Z = 82

(C) 衰變前 Po 原子的質量等於衰變後 Y 原子的質量與 α 粒子的質量之和

(D) 衰變後 Y 與 α 的質量中心的位置與衰變前 Po 的質量中心位置相同

(E) 對 Po 的質量中心而言，衰變後 Y 是靜止的

第貳部分：非選擇題（佔 20 分）

說明： 本大題共有二題，作答都要用較粗的黑色或藍色的原子筆、鋼珠筆或中性筆書寫。答案必須寫在「答案卷」上，並於題號欄標明題號（一、二）與子題號（1、2、3…）。作答時不必抄題，但必須寫出計算過程或理由，否則將酌予扣分。每題配分標於題末。

一、 以質量為 M 的鐵鎚沿水平方向正面敲擊鐵釘，欲將長為 L、質量為 m 的鐵釘垂直釘入牆內。若鐵鎚每次均以相同之速度 v_0 敲擊鐵釘，敲擊後鐵鎚與鐵釘一起運動，使鐵釘進入牆內一段距離。設鐵鎚與鐵釘碰撞過程所經歷的時間極短，可以忽略不計，且每次鐵釘被鐵鎚敲擊入牆時所受之阻力，均為前次阻力之 n 倍 $(n>1)$。忽略重力，回答下列各子題：

1. 鐵鎚剛敲擊到鐵釘而與鐵釘一起運動時，兩者的總動能為何？（以 M, m 及 v_0 表示）(4 分)

2. 如果鐵釘受鐵鎚敲擊兩次後就完全釘入牆內。求證第一次敲

　擊時的阻力為　　$F_1 = \dfrac{1}{2}\dfrac{M^2 v_0^2}{M+m}\dfrac{1}{L}(1+\dfrac{1}{n})$　(3分)

3. 若第一次敲擊時，釘入牆內的深度為 d_1，當 d_1 夠大，則敲

　擊若干次後，鐵釘會完全進入牆內。求證若 $d_1 > L(1-\dfrac{1}{n})$，

　則鐵釘才有可能在有限次的敲擊後完全被釘入牆內。(3分)

二、　圖 10 為以惠司同電橋來測量一鎳鉻線電阻 R_x 的實驗裝置的示
　　　意圖。圖中 R_1 為電阻箱之電阻，MN 為惠司同電橋之滑線電阻
　　　線，P 為滑動接點，G 為電流計，ε 為電池之電動勢，S 為開關，
　　　R_3、R_4 分別為 M、P 兩點間與 P、N 兩點間的電阻。回答下列
　　　各問題：

1. 按下開關 S 後，如何選定惠司同電橋滑線電阻線上 P 點的位
　置？(2分)
2. 電阻線上 P 點的位置確定後，如何決定 R_4 對 R_3 的比值？
　(3分)
3. 說明如何決定 R_x。(3分)
4. 若已量出待測鎳鉻線的電阻，則還需測量哪兩個物理量，來
　決定此鎳鉻線的電阻率？(2分)

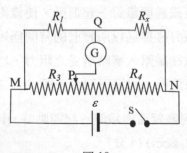

圖 10

九十六年度指定科目考試物理科試題詳解

第壹部分：選擇題

一、單選題

1. **E**

【解析】　由動量定理　$\vec{J} = \Delta\vec{P} = \vec{F}\Delta t$

(A)　$P_x(t') = (mv_0 \times \cos\dfrac{\pi}{4}) + (F \cdot t') = \dfrac{\sqrt{2}}{2}mv_0 + Ft'$

(B)　$P_y(t') = (mv_0 \times \sin\dfrac{\pi}{4}) + 0 = \dfrac{\sqrt{2}}{2}mv_0$

(C)　t' 時後，小球沿 $\dfrac{\pi}{4}$ 及 x 軸間之合向量方向。

(D)　$\vec{P}(t') = m\vec{v}_0 + \vec{F} \cdot t'$ [向量和]

(E)　$\dfrac{P_x(t')}{P_y(t')} = \dfrac{\dfrac{\sqrt{2}}{2}mv_0 + Ft'}{\dfrac{\sqrt{2}}{2}mv_0} = 1 + (\dfrac{\sqrt{2} \cdot Ft'}{mv_0})$

2. **A**

【解析】　彈簧位能 $U_s = \dfrac{1}{2}kx^2 \propto x^2$

當 $\Delta x = 2x$　$\Rightarrow$　$U = \dfrac{1}{2}k(2x)^2 = 2kx^2$

則 $\Delta x' = x$　$\Rightarrow$　$U' = \dfrac{1}{2}kx^2 = \dfrac{1}{4}U$

（減縮時，物體動能減少、位能增加，故取正）

3. **C**

【解析】 由 $L=mrv=mr^2\omega$

$$\Rightarrow L_{系統} = 5m(\frac{L}{6})^2\omega + m(\frac{5L}{6})^2\omega = \frac{5}{6}mL^2\omega$$

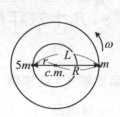

4. **B**

【解析】 由右圖中之受力分析且欲不滑動，則：

(1) $\Sigma \vec{F} = 0$

$$\Rightarrow \begin{cases} x: & T = f_s \le f_{sM} = \mu_s N \\ y: & N = mg \end{cases}$$

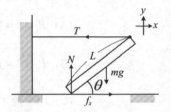

(2) $\Sigma \vec{\tau} = 0$，設以上端爲支點

$$\Rightarrow \tau_N = \tau_{mg} + \tau_{f_s}$$

$$mg \times L cos\theta \le (mg \times \frac{L}{2} \times cos\theta) + (\mu_s mg \times L sin\theta)$$

$$\Rightarrow \quad \frac{L}{2}mgcos\theta \le \mu_s mgLsin\theta$$

$$\Rightarrow \quad \mu_s \ge \frac{1}{2}cot\theta = \frac{1}{2} \times \frac{4}{3} = \frac{2}{3}$$

5. **C**

【解析】 在左右兩側等高時，$P_a = P_b$

$$\Rightarrow \quad \frac{F}{A} + P_{油} = P_{水}$$

$$\Rightarrow \quad \frac{F}{0.01} + 500 \times 9.8 \times 0.1 = 1000 \times 9.8 \times 0.1$$

$$\Rightarrow \quad \frac{F}{0.01} = 490 \Rightarrow F = 4.9(N)$$

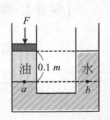

6. **B**

　【解析】　在原點開始時，q 共受靜電力 $\vec{F}e = q\vec{E}(+y)$ 及磁力
　　　　　$\vec{F}_B = q\vec{V} \times \vec{B}(+x)$ 一起作用，故

　　　　(A) $\vec{a} = \vec{a}_e + \vec{a}_B$

　　　　(B) 磁力（洛仁茲力）永不作功。

　　　　(C) $\vec{F}e$ 持續作功。

　　　　(E) 非圓形。

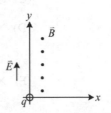

7. **C**

　【解析】　空氣柱欲產生共鳴，可能有兩種情況：

　　　　(1) 閉管：$f = \dfrac{(2n-1)v}{4\ell} = \dfrac{mv}{4\ell}$　$(n \in N)$　$(m = 1,3,5...)$

　　　　(2) 開管：$f = \dfrac{nv}{2\ell}$　$(n \in N)$

　　　　依上述關係：當 400、500、600Hz，有共鳴條件下，
　　　　僅有 (C) 滿足。

8. **E**

　【解析】　單狹縫二暗紋間距

　　　　$\Delta y = \dfrac{L_2 \lambda}{d} = y$　$\therefore \lambda = \dfrac{d \cdot y}{L_2}$

　　　　故需測量兩暗紋間距 y，及狹縫至屏幕的距離 L_2，
　　　　即可求得雷射光波長。

9. **C**

　【解析】

　　　　(A) ✕　由理想氣體方程式 $P = \dfrac{nRT}{V}$，可得知甲、乙兩鋼

　　　　　　瓶中之氣壓相等，故 (A) 錯誤。

(B) ✕ 原子之平均動能為 $\dfrac{3}{2}KT$，故氦氣之動能小於氬氣。

(C) ○ 正確。

(D) ✕ 由 $v = \sqrt{\dfrac{3KT}{m}}$ ，$\sqrt{\dfrac{300}{4}} > \sqrt{\dfrac{450}{40}}$ ，故兩者方均根速率不相等。

(E) ✕ 氬較小。

10. **B**

【解析】 $L = n\hbar = ma_0 v = ma_0^2 \omega$

(A) ✕ $n = 1$ ，$\omega = \dfrac{\hbar}{ma_0^2}$ ，$v = \dfrac{\hbar}{ma_0}$

(B) ○ $U_E = -2E_k = -2(\dfrac{1}{2}mv^2) = -\dfrac{\hbar^2}{ma_0^2}$

(C) ✕ 總力學能 $E = U_E + E_k = -E_k = \dfrac{-\hbar^2}{2ma_0^2}$

（總力學能為負值）

(D) ✕ $E_n = -\dfrac{\hbar^2}{2ma_0^2} \cdot \dfrac{1}{n^2}$ ，又 $n = 2$ $\therefore E_2 = \dfrac{-\hbar^2}{8ma_0^2}$

(E) ✕ 等速率圓周運動中的電子相當於一環形電流，故電子在圓心處會產生磁場。

二、多選題

11. **ABCE**

【解析】 若地球質量為 M，繞地球之衛星質量為 m，若為圓軌道半徑 r，則萬有引力提供向心力。

$\Rightarrow$ $\dfrac{GMm}{r^2} = m \cdot \dfrac{v^2}{r}$ 則 $M = \dfrac{rv^2}{G}$ ，故已知 G 時，再有 r 與 v 即可推得地球質量。

(A) ○　有 r 與 T ⇒　$v = \dfrac{2\pi r}{T}$，故可選。

(B) ○　同 (A)，可選，$r = \dfrac{vT}{2\pi}$，可由速率、週期求得半徑 r。

(C) ○　同 (A)，可選。

(D) ×　繞「太陽」，只能推得太陽質量。

(E) ○　同 (A)，可選。

12. ABC

【解析】 (A) 「水平」、「等速率」飛行即為等速度，飛機所受合力為零，故所受推力與阻力抵消，大小相等。

(B) 速率二倍時，阻力也變為二倍，故水平推力亦變為二倍。

(C) 鉛直方向合力亦為零，故昇力與飛機之重力抵消。

(D) 單位時間阻力所做功為 $-fv = -bv^2$，與速率有關。

(E) 等速率飛行時，引擎輸出之功率被阻力所做之功率消耗，與 v^2 成正比，故為 v_0 飛行時之 4 倍。

13. BD 或 B

【解析】 帶電粒子在磁場中做圓周運動時，所受磁力提供向心力，

⇒　$F_B = qvB = m \cdot \dfrac{v^2}{r}$

∴ $mv = qrB$，　$E_k = \dfrac{P^2}{2m} = \dfrac{q^2 B^2}{2m} r^2$

∵R＞r，故可知 q 在薄板下方之速率大於上方，由於粒子通過薄板時受阻力減速，故粒子應從 P 點進入磁場，運動至 O 點。故由外積法則（磁力方向 $q\vec{v} \times \vec{B}$ 指向圓心）可知粒子帶正電。

(A) ✕　從 P 至 O。

(B) ○　正確。

(C) ✕　動能減少。

(D) 大考中心認為，動能改變的「量值」為 $\left|E_k^{'}-E_k\right|$

$$\left|\frac{q^2B^2}{2m}(r^2-R^2)\right|=\frac{q^2B^2}{2m}(R^2-r^2)，如此則 (D) 對。$$

但「改變量」應為「變化量」

$\Rightarrow\quad\Delta E_k=E_k^{'}-E_k=\dfrac{q^2B^2}{2m}(r^2-R^2)$，如此則 (D) 錯。

(E) ✕　依照功、動能定律 $W_{阻力}=\Delta E_k$

$\therefore$ 設阻力為 $f\quad\Rightarrow\quad fd=\dfrac{q^2B^2}{2m}(R^2-r^2)$

$\therefore f=\dfrac{q^2B^2}{2md}(R^2-r^2)$

14. CE

【解析】 (A) ✕　為高頻率之聲波。

(B) ✕

(C) ○　為頻率較高之不可見光，為電磁波。

(D) ✕　為核衰變釋放之高能電子。

(E) ○　為原子熱振動發出之熱幅射，以電磁波之形態。

15. DE

【解析】 二極體 D 與 R 並聯，其電壓相同均為 V_d，則過 R 之電流為 $\dfrac{V_d}{R}$，可能大於、等於或小於 I_d，故 (A)(B) 不選，選 (E)。

通過 L_1 或 L_2 之電流為過 D 及 R 之電流和

$\Rightarrow\quad\sum I=I_R+I_d$ 必大於 I_d 故 (C) 不選，選 (D)。

16. **BCDE**

【解析】 由圖中可知甲、乙、丙、丁之波長比爲 $2:1:\dfrac{2}{3}:\dfrac{1}{2}$ ，

且題目所述甲、乙、丙、丁波速比爲 $4:3:2:1$

⇒ 由 $f=\dfrac{v}{\lambda}$ 得甲、乙、丙、丁之頻率比爲 $2:3:3:2$

故

(A) ✗

(B) ○

(C) ○

(D) ○ 由圖中知，先出現波峰者爲乙及丁，但乙之頻率高，先出現波峰。

(E) ○ 由圖中知，先出現波谷者爲甲及丙，但丙之頻率高，先出現波谷。

17. **BCDE 或 DE**

【解析】 由圖 9 知光線經線框後爲發散（偏離主軸）故線框應爲類凹透鏡（鏡之周圍較中央厚者）故選 (D)(E)。

18. **BD 或 B**

【解析】 ${}^{210}_{84}P_0 \rightarrow {}^{A}_{Z}Y + {}^{4}_{2}\alpha$ ⇒ $A=206$、$Z=82$，故選 (B)

(C) ✗ $E=mc^2$，其質量減少成爲 α 粒子之動能，故其質量不守恆。

(D) ○ 衰變前後不受外力，故質心原靜止，且不動。

(E) ✗ 動量守恆，Y 必後退。

第貳部分：非選擇題

一、【答案】　(1)　$\dfrac{M^2 v_0{}^2}{2(M+m)}$

　　　　　　(2)　$F_1 = \dfrac{M^2 v_0{}^2}{2(M+m)} \cdot \dfrac{1}{L}(1+\dfrac{1}{n})$

　　　　　　(3)　$d_1 > L(1-\dfrac{1}{n})$

　　【解析】　(1)　M 與 m 作完全非彈碰（碰後合為一體）

　　　　　　　　動量守恆：$M \cdot v_0 + m \cdot 0 = (M+m)v_合$

　　　　　　　　$\Rightarrow$　$v_合 = \dfrac{Mv_0}{M+m}$

　　　　　　　　合體動能：$E_{k合} = \dfrac{1}{2}(M+m)v_合{}^2 = \dfrac{1}{2}(M+m)(\dfrac{Mv_0}{M+m})^2$

　　　　　　　　$= \dfrac{M^2 v_0{}^2}{2(M+m)}$

　　　　　　(2)　每次阻力作功都會把合體動能消耗

　　　　　　　　第一次阻力 F_1　$\Rightarrow$　$F_1 \cdot d_1 = E_{k合}$

　　　　　　　　第二次阻力 nF_1　$\Rightarrow$　$nF_1 \cdot d_2 = E_{k合}$　$\Rightarrow$　$d_2 = \dfrac{1}{n}d_1$

　　　　　　　　已知兩次敲完：$d_1 + d_2 = d_1 + \dfrac{1}{n}d_1 = L$

　　　　　　　　$\Rightarrow$　$d_1 = \dfrac{L}{(1+\dfrac{1}{n})}$

　　　　　　　　$F_1 \cdot d_1 = F_1 \cdot \dfrac{L}{(1+\dfrac{1}{n})} = E_{k合} = \dfrac{M^2 v_0{}^2}{2(M+m)}$

　　　　　　　　$\Rightarrow$　$F_1 = \dfrac{M^2 v_0{}^2}{2(M+m)} \cdot \dfrac{1}{L}(1+\dfrac{1}{n})$

(3) 每次釘入深度 d_1，$d_2 = \dfrac{d_1}{n}$，$d_3 = \dfrac{d_2}{n} = \dfrac{d_1}{n^2} \cdots$

無限次釘入：$d_1 + \dfrac{d_1}{n} + \dfrac{d_1}{n^2} + \cdots = L$

欲有限次釘入：$d_1 + \dfrac{d_1}{n} + \dfrac{d_1}{n^2} + \cdots > L$

$\Rightarrow \quad \dfrac{d_1}{1 - \dfrac{1}{n}} > L \quad \Rightarrow \quad d_1 > L(1 - \dfrac{1}{n})$

二、【答案】 (1) 使電流計 ⓖ 讀數為 0

(2) $\dfrac{R_3}{R_4} = \dfrac{\overline{MP}}{\overline{PN}}$

(3) $R_x = \dfrac{\overline{PN}}{\overline{MP}} R_1$

(4) $\rho = \dfrac{R \times A}{\ell}$

【解析】 (1) 調整 P 點至電流計 ⓖ 之指針讀數恰為零時，即為所求之 P 點位置。

(2) P 點選定後，由電阻定律知：$R = \rho \dfrac{\ell}{A} \propto \ell$，故量測 $\overline{MP}$ 及 $\overline{PN}$ 之長度，即 $\dfrac{R_4}{R_3} = \dfrac{\overline{PN}}{\overline{MP}}$

(3) P 點選定後，由於 P、Q 兩點等電位，故 $\dfrac{R_1}{R_3} = \dfrac{R_x}{R_4}$

$\Rightarrow \quad R_x = \dfrac{R_1 \times R_4}{R_3} = \dfrac{\overline{PN}}{\overline{MP}} R_1$

(4) 由電阻定律 $R_x = \rho \dfrac{\ell}{A}$，故 $\rho = \dfrac{R_x \times A}{\ell}$，因此還需測量鎳鉻絲之長度及截面積（粗細）兩項條件。

九十六學年度指定科目考試（物理）
大考中心公佈答案

題　號	答　　案	題　　號	答　　案
1	E	16	BCDE
2	A	17	DE（或 BCDE）
3	C	18	BD（或 B）
4	B		
5	C		
6	B		
7	C		
8	E		
9	C		
10	B		
11	ABCE		
12	ABC		
13	BD		
14	CE		
15	DE		

九十六學年度指定科目考試
各科成績標準一覽表

科　　目	頂　標	前　標	均　標	後　標	底　標
國　　文	70	64	56	45	36
英　　文	60	46	26	13	7
數學甲	62	49	33	20	11
數學乙	72	60	43	27	17
化　　學	74	61	41	24	15
物　　理	68	51	27	12	5
生　　物	84	74	56	40	31
歷　　史	75	68	55	40	28
地　　理	56	50	40	30	21

※ 以上五項標準均取爲整數（小數只捨不入），且其計算均不含缺考生之成績，
計算方式如下：

頂標：成績位於第 88 百分位數之考生成績。
前標：成績位於第 75 百分位數之考生成績。
均標：成績位於第 50 百分位數之考生成績。
後標：成績位於第 25 百分位數之考生成績。
底標：成績位於第 12 百分位數之考生成績。

例： 某科之到考考生爲 99982 人，則該科五項標準爲

頂標： 成績由低至高排序，取第 87985 名（99982×88%=87984.16，取整數，
小數無條件進位）考生的成績，再取整數(小數只捨不入)。

前標： 成績由低至高排序，取第 74987 名（99982×75%=74986.5，取整數，
小數無條件進位）考生的成績，再取整數(小數只捨不入)。

均標： 成績由低至高排序，取第 49991 名（99982×50%=49991）考生的成績，
再取整數(小數只捨不入)。

後標： 成績由低至高排序，取第 24996 名（99982×25%=24995.5，取整數，
小數無條件進位）考生的成績，再取整數(小數只捨不入)。

底標： 成績由低至高排序，取第 11998 名（99982×12%=11997.84，取整數，
小數無條件進位）考生的成績，再取整數(小數只捨不入)。

心得筆記欄

九十五年大學入學指定科目考試試題
物理考科

物理常數

計算時如需要可利用下列數值：

電子質量　　　$m_e = 9.11 \times 10^{-31}$ kg

光速　　　　　$c = 3.00 \times 10^8$ m/s

卜朗克常數　　$h = 6.63 \times 10^{-34}$ J·s

電子伏特與焦耳的換算為　　$1\text{eV} = 1.602 \times 10^{-19}$ J

第壹部分：選擇題（佔 80 分）

一、單選題（40％）

說明：第 1 題至第 10 題，每題選出一個最適當的選項，標示在答案
　　　卡之「選擇題答案區」。每題答對得 4 分，答錯或劃記多於一
　　　個選項者倒扣 1 分，倒扣到本大題之實得分數為零為止，未
　　　作答者，不給分亦不扣分。

1. 甲乙兩物體的質量各為 1.0 kg 和
　4.0 kg，以細繩連接，跨過質量
　可不計的滑輪，置於兩個斜角均
　為 30° 的光滑長斜面上，如圖 1
　所示。若兩物體自靜止釋放，經

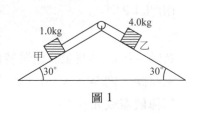

圖 1

　過 1.0 秒，乙物體沿斜面移動多少m？（設重力加速度為10 m/s^2）
　(A) 0　　　(B) 1.5　　　(C) 2.0　　　(D) 2.5　　　(E) 3.0

2. 一台 220 伏特的電熱器在開
   啟 1 小時後關閉，所通過的
   電流隨時間的變化如圖 2 所
   示。在這一小時內，電熱器
   總共用電約幾度？

   (A) 88000
   (B) 220
   (C) 88
   (D) 2.2
   (E) 1.5

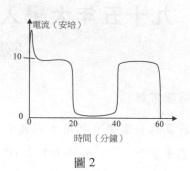

圖 2

3. 圖 3 所示為在同一平面上由細導線圍成半徑分別為 2r 及 r 的同
   心圓。已知一均勻磁場垂直通過此平面，若磁場隨時間作均勻
   變化，且感應電流所產生的磁場可忽略不計，則大圓導線與小
   圓導線的感應電動勢之比為多少？

   (A) 1：1
   (B) 2：1
   (C) 4：1
   (D) 1：4
   (E) 1：2

圖 3

4. 若圖 4 所示為測量二極體特性曲線的
   電路圖，則 W，X，Y，Z 分別代表
   何種儀器或元件？

   (A) W：伏特計，X：電阻，Y：安培計，
   　　　Z：60 Hz 交流電源供應器

   (B) W：60 Hz 交流電源供應器，X：電阻，Y：伏特計，
   　　　Z：安培計

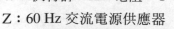

圖 4

(C) W：安培計，X：輸出電壓可調變的直流電源供應器，
Y：電阻，Z：伏特計

(D) W：伏特計，X：安培計，Y：電阻，
Z：輸出電壓可調變的直流電源供應器

(E) W：電阻，X：伏特計，Y：安培計，
Z：輸出電壓可調變的直流電源供應器

5. 某生欲以一狹縫寬度為 3.20×10^{-3} cm 的單狹縫及未知波長的雷射光來測量一雙狹縫的兩狹縫間距。先以雷射光為光源垂直入射做單狹縫繞射實驗，單狹縫至屏幕的距離為 150.00 cm，經測得屏幕上中央亮帶的寬度為 5.93 cm。現將單狹縫換成雙狹縫，其餘器材與距離均未改變下，再做雙狹縫干涉實驗，在屏幕上測得相鄰兩暗紋間的距離為 0.60 cm。依據以上數據，雙狹縫的兩狹縫間距為若干？

(A) 0.16 mm　　　(B) 0.32 mm　　　(C) 0.63 mm

(D) 1.26 mm　　　(E) 2.52 mm

6. 某生做滑車實驗如圖 5 所示，每次實驗在吊掛之處逐次增加一個質量為 50 g 的砝碼，並且記錄滑車的加速度。如果滑車質量為 100 g，細繩質量可忽略，則下列曲線，何者最適合描述滑車加速度隨著吊掛砝碼個數的變化？

第二次實驗吊掛兩個砝碼

圖 5

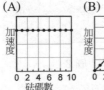   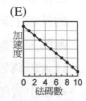

7. 如圖 6 所示，一油壓機內裝密度為 ρ 之液體，兩活塞截面積各為 A 與 $2A$，且活塞所受的阻力與重量可忽略。今在左活塞上置重量為 W 的物體，在右活塞上置重量為 $W/2$ 的物體，最後達到平衡。設重力加速度為 g，兩活塞之高度差為何？

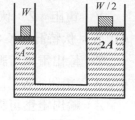

圖 6

(A) $\dfrac{W}{4A\rho g}$　　(B) $\dfrac{W}{2A\rho g}$　　(C) $\dfrac{3W}{4A\rho g}$

(D) $\dfrac{W}{A\rho g}$　　(E) 0

8. 如圖 7 所示，一聲源 S 在靜止時發出波長 λ_0 之聲波，當其以速度 v 朝向一長度 L 的單口管移動時，可在管內形成 6 個波節之駐波；而當聲源 S 反向以同速率飛離該管時，可在管內形成 5 個波節之駐波。下列關係式何者正確？

(A) $L = \dfrac{30}{11}\lambda_0$　　(B) $L = \dfrac{99}{40}\lambda_0$

(C) $L = \dfrac{5}{2}\lambda_0$　　(D) $L = \dfrac{9}{4}\lambda_0$

(E) $L = \dfrac{22}{9}\lambda_0$

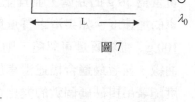

圖 7

9. 如圖 8 所示，在折射率為 $n_s = \sqrt{2}$ 的基板上鍍有折射率為 $n_f = 1.5$ 的薄膜，雷射光從薄膜左側空氣中以入射角 θ 入射薄膜。若光線在薄膜中皆能以全反射方式傳播，

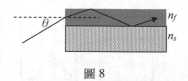

圖 8

則其入射角的最大範圍為下列何者？（空氣的折射率設為 1）

(A) $0 < \theta \le \dfrac{\pi}{6}$　　(B) $0 < \theta \le \dfrac{\pi}{7}$　　(C) $0 < \theta \le \dfrac{\pi}{8}$

(D) $0 < \theta \le \dfrac{\pi}{3}$　　(E) $0 < \theta \le \dfrac{\pi}{4}$

10. 如圖 9 所示，甲、乙兩人造衛星以圓形軌道繞地球運轉，假設運行的軌道在同一平面上，且運行的方向相反。甲衛星發現每隔 1/9 週期會與乙衛星相遇（即甲、乙兩衛星與地球恰在一直線上且在地球同側），若忽略甲、乙兩衛星間的作用力，則甲、乙兩衛星軌道半徑之比為何？

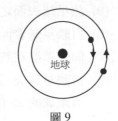

圖 9

(A) 1：4　　　　(B) 1：2　　　　(C) 1：1

(D) 2：1　　　　(E) 4：1

二、多選題（40 %）

說明：第 11 至第 18 題，每題各有 5 個選項，其中至少有一個是正確的。選出正確選項，標示在答案卡之「選擇題答案區」。每題 5 分，各選項獨立計分，每答對一個選項，可得 1 分，每答錯一個選項，倒扣 1 分，完全答對得 5 分，整題未作答者，不給分亦不扣分。在備答選項以外之區域劃記，一律倒扣 1 分。倒扣到本大題之實得分數為零為止。

11. 甲、乙、丙三個相同材質的金屬球，質量比為 1：1：2，初始溫度分別為 50℃、30℃、10℃。今先將甲和乙接觸達熱平衡後分開，再將乙和丙接觸達熱平衡後分開，若僅考慮三金屬球間的熱傳導，且無其他熱流失，則以下敘述哪些是正確的？

(A) 甲的最終溫度為 30℃

(B) 乙的最終溫度為 20℃

(C) 甲、乙、丙三者的最終攝氏溫度比值為 2：1：1

(D) 甲、乙、丙三者的熱容量比值為 1：1：2

(E) 甲、乙、丙三者的熱容量比值為 1：1：1

12. 假設有一星球其密度為地球的 a 倍，其半徑為地球的 b 倍，下列敘述何者正確？

(A) 該星球質量為地球的 ab^3 倍

(B) 該星球表面之重力加速度為地球的 ab 倍

(C) 自該星球表面之脫離速度為地球的 $a\sqrt{b}$ 倍

(D) 同一單擺在該星球表面上小角度擺動的頻率為地球的 $\sqrt{ab}$ 倍

(E) 自該星球表面上以相同初速及仰角拋射之質點，其水平射程為地球的 ab 倍

13. 如圖 10 所示，以繩將質量為 M 且密度為水的一半之正方體繫在水底，該正方體邊長為 ℓ，其頂面恰與水面共平面。假設水面的面積遠大於 ℓ^2，重力加速度為 g，不考慮水的阻力，下列敘述何者正確？

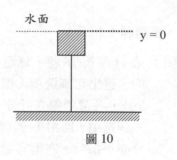

圖 10

(A) 斷繩前，該繩的張力為 $Mg/2$

(B) 假若該繩斷開，正方體上升的最大位移為 ℓ

(C) 斷繩後，該正方體不會作簡諧運動

(D) 斷繩後，該正方體會以頻率 $\dfrac{1}{2\pi}\sqrt{g/\ell}$ 作簡諧運動

(E) 斷繩後，該正方體在上升時，最大速率為 $\sqrt{g\ell/2}$

14. 如圖 11 所示，質量 M 之均勻方形盒靜置於光滑的水平面上，自
其頂部的中央 A 點，以長度 5.0 cm 之細繩懸吊一質量 m = M/3
的質點，開始時該質點靜止
且繩與鉛直線夾角 β 為 37°，
A 點的 x 坐標 O 取為原點。
設重力加速度為 10 m/s²，
sin 37° = 3/5。對靜立地面的
觀察者而言，下列敘述何者
正確？

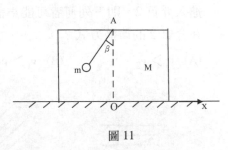

圖 11

   (A) 整個系統的動量守恆
   (B) 整個系統的質心位置固定
   (C) 整個系統質心的 x 坐標固定在 -0.75 cm
   (D) m 質點擺到最低點時，m 質點的速度為 3.9 cm/s
   (E) m 質點擺到右邊最高點時，M 方形盒向左移 1.5 cm

15. 在 xyz 直角坐標中，下列有關帶電質點在電磁場中運動軌跡的敘
述，何者是正確的？
   (A) 質點以 y 方向的初速，進入 x 方向的均勻電場中，其軌跡為拋
物線
   (B) 質點以 x 方向的初速，進入 x 方向的均勻電場中，其軌跡為
拋物線
   (C) 質點以 z 方向的初速，進入 x 方向的均勻磁場中，其軌跡為
圓弧
   (D) 質點以 y 方向的初速，進入 x 方向的均勻磁場中，其軌跡為
螺線
   (E) 質點以 y 方向的初速，進入 x 方向的均勻磁場及電場中，其
軌跡為拋物線

16. 圖 12 中波動在兩介質中的傳播速率分別 為 v_1 與 v_2。圖中直線代表此波動的部 分波前。若波動由介質 1 經過界面傳播 進入介質 2，則下列何者可能為該波動 在介質 2 的傳播方式？

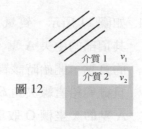

圖 12

(A) $v_1 > v_2$ (B) $v_1 > v_2$ (C) $v_1 > v_2$

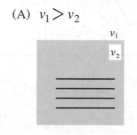 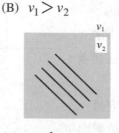 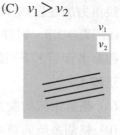

(D) $v_1 = v_2$ (E) $v_1 < v_2$

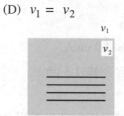 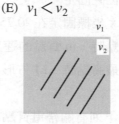

17. 已知動能為 50.0 eV 的電子，其物質波波長為 1.73×10^{-10} m。若 以波長為 2.07×10^{-7} m 的紫外光照射於功函數為 4.0 eV 的金屬 材料，則下列有關物質波及光電效應的敘述，何者正確？

(A) 因光電效應所釋放出的電子，其物質波波長最小約為 8.7×10^{-10} m

(B) 波長為 2.07×10^{-7} m 的紫外光波具有粒子性，其光子能量約 為 25.0 eV

(C) 光電效應的實驗結果可証實物質波的存在

(D) 物質波的假設是由愛因斯坦首先提出的

(E) 動能為 50 eV 的電子束因具有物質波，入射金屬晶體後可觀 察到電子的繞射現象

18. 圖 13 爲康卜吞效應的實驗裝置圖，
圖中 θ 爲 X 光的散射角。圖 14 爲
X 光強度與其波長在三個不同散射
角的數據圖，下列敘述何者正確？

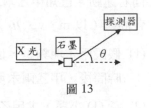

圖 13

【提示： $\Delta\lambda = \dfrac{h}{m_e c}(1-\cos\theta)$ 】

(A) X 光的散射主要是由石墨
中的電子所造成的

(B) 本實驗主要說明電子的波
動性

(C) 入射 X 光之波長約
7.0×10^{-11} m

(D) 三個散射角中以 θ_2 最小，
θ_3 最大

(E) 入射 X 光所損失的能量以
散射角爲 θ_2 時最大

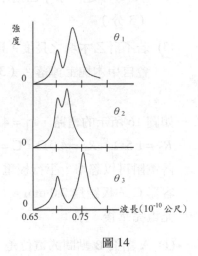

圖 14

第貳部分：非選擇題（佔 20 分）

說明：本大題共有 2 題，答案務必寫在「答案卷」上，並於題號欄
標明題號（一、二）與子題號（1、2、3…）。作答時不必
抄題，但務必寫出計算過程或理由，否則將酌予扣分。每題
配分標於題末。

一、　如圖 15 所示，在光滑水平面上
有相互重疊之甲乙兩木塊，其
質量各爲 2m 與 m。起初，甲
木塊靜止在水平面上，而乙木
塊在甲木塊上之左緣以初速 v

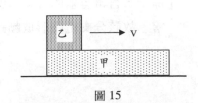

圖 15

向右運動。已知甲乙兩木塊之間的動摩擦係數爲 μ_k，回答以下各問題（以 m、v、μ_k 及重力加速度 g 表示）。

(1) 假設甲木塊夠長，使得乙木塊不會掉落到水平面上。一段時間後，甲乙兩木塊以同一速度 v_f 運動，求 v_f。（4分）

(2) 承 (1) 小題，求甲乙兩木塊達到同一速度 v_f 所需的時間。（3分）

(3) 若不計乙木塊之長度，則甲木塊至少要多長，乙木塊才不會自甲木塊上掉落？（3分）

二、如圖 16 所示的電路，$\varepsilon_1 = 4.0\,V$，$\varepsilon_2 = 6.0\,V$，$R_1 = 3.5\,\Omega$，$R_2 = 1.5\,\Omega$，$R_3 = 4.0\,\Omega$，$C = 2.0\,pF$（$1\,pF = 1 \times 10^{-12}\,F$）。電池的內電阻可以忽略，平行板電容器 C 的板距爲 2.0 mm。

充電完畢後，求：

(1) A 點與 B 點間的電位差（即 $V_A - V_B$）爲何？（4分）

(2) 平行板電容器 C 左右兩板各別所帶電荷的量值及符號。（3分）

(3) 平行板電容器內的電場。（3分）

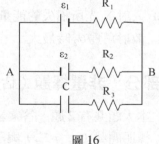

圖 16

【提示：含電容器的分支電路在電容器充電完畢後，電流爲零，故該分支電路形成斷路】

九十五年度指定科目考試物理科試題詳解

第壹部分：選擇題

一、單選題

1. **B**

   【解析】 取甲乙為一系統，可視為

   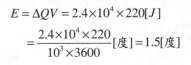

   $$a = \frac{(m_乙 - m_甲)g \sin 30°}{m_甲 + m_乙} = \frac{(4-1) \times 10 \times \frac{1}{2}}{4+1} = 3 \ [m/s^2]$$

   $$\Delta x_乙 = \frac{1}{2}at^2 = \frac{1}{2} \times 3 \times 1^2 = 1.5 \ [m]$$

2. **E**

   【解析】 $I-t$ 可近似為

   流過電熱器的電量

   $$\Delta Q = I\Delta t = 10 \times (40 \times 60) = 2.4 \times 10^4$$

   所用電能：

   $$E = \Delta QV = 2.4 \times 10^4 \times 220 [J]$$

   $$= \frac{2.4 \times 10^4 \times 220}{10^3 \times 3600}[度] = 1.5[度]$$

   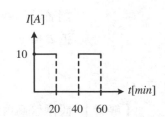

3. **C**

   【解析】 令 $B = ct$，c 為常數

   $$|\varepsilon| = \frac{d\phi_B}{dt} = \frac{d(ct \cdot \pi r^2)}{dt} = \pi r^2 c \propto r^2 \qquad \frac{\varepsilon_大}{\varepsilon_小} = (\frac{2r}{r})^2 = \frac{4}{1}$$

4. **D**

【解析】 (1) 伏特計必爲並聯，故爲 W

(2) 二極體的電流具有單向性，因此只能使用直流電量測

(3) X、Y 爲安培計與電阻，可對調

5. **A**

【解析】 單狹縫中央亮帶寬 $y_c = \dfrac{2r\lambda}{b}$；雙狹縫暗紋間距 $\Delta y = \dfrac{r\lambda}{d}$

$$\Rightarrow \frac{y_c}{\Delta y} = \frac{2d}{b} = \frac{5.93}{0.6} \quad d \fallingdotseq 0.16mm$$

6. **D**

【解析】 設滑車質量 M，砝碼質量 m、砝碼個數 N

則由 $\vec{F} = m\vec{a} \quad \Rightarrow a = \dfrac{Nmg}{M + Nm}$

隨著砝碼數 N 增加時，斜率會愈來愈小，加速度趨近 $a \fallingdotseq g$

7. **C**

【解析】 設兩管高度差 h，由帕斯卡原理

$$\Rightarrow \frac{W_1}{A_1} = \frac{W_2}{A_2} + \rho gh$$

$$\Rightarrow \frac{W}{A} = \frac{\dfrac{W}{2}}{2A} + \rho gh$$

$$\Rightarrow h = \frac{3W}{4A\rho g}$$

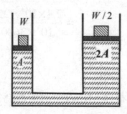

8. **B**

　【解析】　一端封閉，一端開口之共鳴空氣柱長管長 $\ell = \dfrac{\lambda}{4}(2n-1)\lambda$

　　　　　則聲源接近時，前方波長爲 $\lambda_{前} < \lambda_0$　$\Rightarrow L = \dfrac{\lambda_{前}}{4}(2\times6-1)$

　　　　　則聲源遠離時，後方波長爲 $\lambda_{後} > \lambda_0$　$\Rightarrow L = \dfrac{\lambda_{後}}{4}(2\times5-1)$

　　　　　又 $\lambda_{前} + \lambda_{後} = 2\lambda_0$　$\Rightarrow \dfrac{4L}{11} + \dfrac{4L}{9} = 2\lambda_0$　$\Rightarrow L = \dfrac{99}{40}\lambda_0$

9. **A**

　【解析】

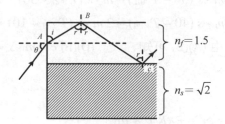

　　　　　由 A 點：$1 \times \sin\theta = 1.5 \times \sin i$ ⋯⋯⋯⋯⋯⋯①

　　　　　要全反射，則 $\begin{cases} \text{由 B 點：} 1.5 \times \sin r > 1 \times \sin 90° \\ \text{由 C 點：} 1.5 \times \sin r > \sqrt{2} \times \sin 90° \end{cases}$

　　　　　可知 C 點臨界角大，考慮 C 點即可，又 i，r 互爲餘角

　　　　　$\therefore \begin{cases} 1.5 \times \cos i > 1 \times \sin 90° \\ 1.5 \times \cos i > \sqrt{2} \times \sin 90° \end{cases}$

　　　　　$\Rightarrow$ 取 $1.5\cos r < \sqrt{2} \sin 90°$ ⋯⋯⋯⋯⋯⋯②

　　　　　則由①，②平方相加，可得 $\sin\theta < 0.5$　$\Rightarrow \therefore \theta < \dfrac{\pi}{6}$

10. **E**

　【解析】　兩衛星運行方向相反，故每次相遇兩衛星繞轉過之總
　　　　　圈數爲 1 圈。
　　　　　令甲衛星週期 T_1 軌道半徑 r_1，乙衛星週期 T_2 軌道半
　　　　　徑 r_2

$$\Rightarrow 依題意：\frac{T_1/9}{T_1}+\frac{T_1/9}{T_2}=1 \quad \Rightarrow T_2=\frac{T_1}{8}$$

$$再由克卜勒第三定律：\frac{r_1^3}{T_1^2}=\frac{r_2^3}{T_2^2} \quad \Rightarrow 可得 \frac{r_1}{r_2}=\frac{4}{1}$$

二、多選題

11. BCD

【解析】 相同材質，比熱相同(s)，又質量比 $1:1:2$，

令甲、乙、丙質量分別為 m，m，$2m$

則 (A) $m \cdot s\,(50-T_{甲乙})=m \cdot s\,(T_{甲乙}-30)$，$T_{甲乙}=40°C$

(B) $m \cdot s\,(40-T_{乙丙})=2\,m \cdot s\,(T_{乙丙}-10)$，$T_{乙丙}=20°C$

(C) 由 (A)(B) 可知　　　(D)(E) $c=m \cdot s \propto m$

12. ABD

【解析】 (A) $M=\rho V=\dfrac{4}{3}\pi R^3 \rho \propto \rho R^3$

(B) $g=\dfrac{GM}{R^2}=\dfrac{4}{3}\pi R\rho \propto \rho R$

(C) $V_e=\sqrt{\dfrac{2GM}{R}}=\sqrt{\dfrac{8}{3}\pi R^2 \rho} \propto R\sqrt{\rho}$

(D) $f=\dfrac{1}{2\pi}\sqrt{\dfrac{g}{\ell}} \propto \sqrt{g} \propto \sqrt{\rho R}$

(E) 水平射程：$v_0\cos\theta \times t=v_0\cos\theta \times \dfrac{2v_0\sin\theta}{g} \propto \dfrac{1}{g} \propto \dfrac{1}{\rho R}$

13. BE

【解析】 (A) 由力圖可知　$\Rightarrow T=Mg$　故錯誤

(B) 繩斷後　$\Rightarrow$ 正方體所受合力為

$$\sum F=B-Mg=\rho_水Vg-\dfrac{\rho_水}{2}V_全g$$

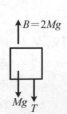

(C) 當排開水體積 $V = \dfrac{V_{全}}{2}$ 時　⇒ 達力平衡

(D) 繩斷後，此時所受合力 $= Mg = k \times \dfrac{L}{2}$

$$K = \dfrac{2Mg}{L}$$

(E) 最大速率 $v = \sqrt{\dfrac{k}{m}} \cdot R = \sqrt{\dfrac{2Mg/\ell}{M}} \cdot \dfrac{\ell}{2} = \sqrt{\dfrac{g\ell}{2}}$

14. CE

【解析】 (A) 有受鉛直方向外力不平衡　⇒ 動量不守恆

(B) 動量不守恆　⇒ 質心在鉛直方向有位移

(C) 水平方向

$$x_{CM} = 5 \times \sin 37° \times \dfrac{3}{4} = 0.75(cm)$$

∵ 在 O 左方，故爲負

(D) 當 m 到最低點　⇒ 由水平方向動量守恆

且 m 之位能減少　⇒ 造成系統內動能增加

$$\dfrac{M}{3} \times g \times (0.05 - 0.04) = \dfrac{1}{2} \dfrac{M \times \dfrac{M}{3}}{M + \dfrac{M}{3}} V_{Mm}^2$$

$$\Rightarrow V_{Mm} \fallingdotseq 0.52(m/s) \quad \Rightarrow V_m \fallingdotseq \dfrac{3}{4} \times 0.52 = 0.39(m/s)$$

(E)

$$\Delta x_M = \dfrac{m}{M + m} \cdot \Delta x_{Mm} = \dfrac{1}{3+1} \cdot 6 = 1.5(m)$$

15. **AC**

【解析】 (A) 初速與受力方向垂直，且受定力作用　⇒ 拋物線

(B) 初速與受力方向平行，且受定力作用　⇒ 直線

(C) 初速與磁場垂直　⇒ 圓周運動

(D) 初速與磁場垂直　⇒ 圓周運動

(E) 同時受到磁力與電力作用，其軌跡不可能為拋物線

16. **CE**

【解析】 (A)(B)(C) 由 $V_1 > V_2$，由疏介質進入密介質，其波行進方向將偏向法線，故選 (C)。

(D) 若 $V_1 = V_2$　⇒ 波行進方向不變

(E) 若 $V_1 < V_2$　⇒ 波行進方向將偏離法線

17. **AE**

【解析】 (A) $h\nu = W + eV_s$

$$\frac{12400}{2070} - 4 = 1.99[eV] \doteqdot 2[eV] \quad 又 \quad \lambda_c = \frac{h}{P} = \frac{h}{\sqrt{2mE_k}} \propto \frac{1}{\sqrt{E_k}}$$

$$\sqrt{\frac{50}{2}} = \frac{1.73 \times 10^{-10}}{\lambda} \quad \Rightarrow \quad \lambda = 8.65 \times 10^{-10}[m]$$

(B) $E = h\nu = \dfrac{12400}{\lambda} = \dfrac{12400}{2070} = 5.99[eV]$

(C) 證實光的粒子性

(D) 最先為 "德布羅依" 提出

(E) 此為 "達維生－革末" 實驗，證實物質波之方法

18. **ACD**

【解析】 (A) 康卜吞散射乃假設 X 光子與石墨中之自由電子發生彈性碰撞產生

(B) 證實粒子性

(C) 由圖 14 中可知入射波長爲

$$\frac{0.65+0.75}{2}=0.7\times10^{-10}(m)=7\times10^{-11}(m)$$

(D) 圖 14 中，兩波峯越接近代表$\Delta\lambda$越小，則 θ 越小

(E) $E_\lambda = E_{散} + E_{電子}$ $E_{電子} = \dfrac{hc}{\lambda_\lambda} - \dfrac{hc}{\lambda_{散}} = \Delta E$

故 $\lambda_{散}$越大$\Delta\lambda$越小，亦即 θ 越大，

能量損失ΔE越大 $\Rightarrow \theta_3$最大

第貳部分：非選擇題

一、【答案】 (1) $v_f = \dfrac{v}{3}$ (2) $t = \dfrac{2v}{3\mu_k g}$ (3) $\dfrac{v^2}{3\mu_k g}$

【解析】 (1) 將甲、乙兩木塊視爲一系統，則甲、乙間之摩擦
力視爲內力，故無外力作用，系統動量守恆。

$$\therefore mv=(2m+m)v_f \Rightarrow \underline{\underline{v_f = \frac{v}{3}}}$$

(2) $\because \sum F = ma$ $\therefore \mu_k(mg) = ma \Rightarrow a = \mu_k g$

故 $v_f = v + at \Rightarrow \dfrac{v}{3} = v + (-\mu_k g)t$

$$\Rightarrow \underline{\underline{t = \frac{2v}{3\mu_k g}}}$$

(3) $v_{乙甲} = v - 0 = v$ $a_{乙甲} = -\mu_k g - (-\dfrac{1}{2}\mu_k g)$

$$= -\frac{1}{2}\mu_k g \qquad \Delta r = v_0 t + \frac{1}{2}at^2$$

$$\Rightarrow \Delta r = v\times(\frac{2v}{3\mu_k g}) + \frac{1}{2}(-\frac{1}{2}\mu_k g)(\frac{2v}{3\mu_k g})^2 = \underline{\underline{\frac{v^2}{3\mu_k g}}}$$

二、【答案】　(1)　$-3.0[V]$　　(2)　$6.0\times10^{-12}[C]$　　(3)　$1.5\times10^3[V/m]$

　　　【解析】　(1)　∵電容為斷路

　　　　　　　　　　故 $\varepsilon_{總}=4+6=10$

　　　　　　　　　　∴$R_{總}=3.5+1.5=5$

　　　　　　　　　　⇒$I_{總}=\dfrac{10}{5}=2[A]$

　　　　　　　　　　∴$V_A-V_B=0-6+(1.5\times2)=\underline{-3.0[V]}$

　　　　　　　(2)　∵$V_A<V_B$

　　　　　　　　　　∴充電時電容 C 之左側為負，右側為正

　　　　　　　　　　又 $C=\dfrac{Q}{V}$

　　　　　　　　　　⇒$Q=C\times V=(2\times10^{-12})\times(3)=\underline{6.0\times10^{-12}[C]}$

　　　　　　　(3)　平行板間電場

　　　　　　　　　　⇒$E=\dfrac{V}{d}=\dfrac{3}{2\times10^{-3}}=\underline{1.5\times10^3[V/m]}$

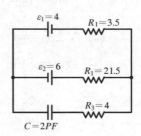

$\varepsilon_1=4$　　$R_1=3.5$

$\varepsilon_2=6$　　$R_1=21.5$

$R_3=4$

$C=2PF$

九十五學年度指定科目考試（物理）

大考中心公佈答案

題　號	答　　案	題　號	答　　案
1	B	16	CE
2	E	17	AE
3	C	18	ACD
4	D		
5	A		
6	D		
7	C		
8	B		
9	A		
10	E		
11	BCD		
12	ABD		
13	BE		
14	CE		
15	AC		

九十五學年度指定科目考試

各科成績標準一覽表

科　　目	頂　標	前　標	均　標	後　標	底　標
國　文	67	61	52	43	35
英　文	67	51	28	13	7
數學甲	62	50	35	20	12
數學乙	88	78	56	32	19
化　學	71	59	41	25	16
物　理	54	39	22	12	6
生　物	71	60	44	30	22
歷　史	56	49	40	29	20
地　理	60	52	40	29	20

※ 以上五項標準係依各該科全體到考考生成績計算，且均取整數（小數只捨不入），各標準計算方式如下：

頂標：成績位於第 88 百分位數之考生成績。

前標：成績位於第 75 百分位數之考生成績。

均標：成績位於第 50 百分位數之考生成績。

後標：成績位於第 25 百分位數之考生成績。

底標：成績位於第 12 百分位數之考生成績。

九十四年大學入學指定科目考試試題
物理考科

物理常數

計算時如需要可利用下列數值：

重力加速度　　$g = 9.8 \text{ m/s}^2$

光速　　　　　$c = 3.00 \times 10^8 \text{ m/s}$

卜朗克常數　　$h = 6.63 \times 10^{-34} \text{ J·s}$

電子伏特與焦耳的換算為　　$1\text{eV} = 1.602 \times 10^{-19} \text{ J}$

壹、單一選擇題（每題 4 分，共 40 分）

說明：第 1 題至第 10 題，每題選出一個最適當的選項，標示在答案
卡之「選擇題答案區」。每題答對得 4 分，答錯或劃記多於一
個選項者倒扣 1 分，倒扣到本大題之實得分數為零為止，未
作答者，不給分亦不扣分。

1. 如圖 1 所示，一輕繩跨過定滑輪，兩端各懸掛三個質量皆相等的
木塊，呈平衡狀態。現將右端的一個木塊取下，改掛至左端，如
圖 2 所示。若摩擦力可不計，試問繩上張力變為原來平衡狀態時
的幾倍？

(A) $\dfrac{3}{2}$　　(B) $\dfrac{4}{3}$　　(C) $\dfrac{9}{8}$

(D) $\dfrac{8}{9}$　　(E) $\dfrac{3}{4}$

圖 1　　　　圖 2

2. 長度為 L 的張緊弦線兩端固定，設弦線作橫向振動時，弦波的波速為 v。試問下列何種弦線振動時，最有可能讓人看到如圖 3 所示，弦線在兩最大位移間振動的視覺暫留影像？假設視覺暫留時間為 $\frac{1}{20}$ 秒。

(A) $L = 0.20$ m；$v = 2.0$ m/ s

(B) $L = 0.30$ m；$v = 4.0$ m/ s

(C) $L = 0.40$ m；$v = 8.0$ m/ s

(D) $L = 0.50$ m；$v = 8.0$ m/ s

(E) $L = 0.60$ m；$v = 8.0$ m/ s

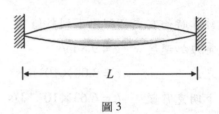

圖 3

3. 圖 4 所示的電路中，當開關 S 斷開時，流經電池的電流以 I_O 表示，開關接通時流經電池的電流以 I_C 表示。若不計電池的內電阻，則 I_O 與 I_C 各為何值？

(A) $I_O = 8$ A；$I_C = 9$ A

(B) $I_O = 6$ A；$I_C = 8$ A

(C) $I_O = 8$ A；$I_C = 6$ A

(D) $I_O = 9$ A；$I_C = 6$ A

(E) $I_O = 9$ A；$I_C = 10$ A

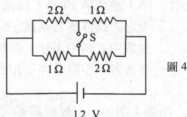

圖 4

4. 圖 5 所示為頻率 1000 Hz 的聲源以等速度移動時，所發出的球面波分布情形，每個球面波相隔一個週期，圖中相鄰兩格線的間距都相等。已知聲速為 340 m/s，則此聲源移動的速率約為多少 m/s？

(A) 100

(B) 272

(C) 350

(D) 428

(E) 567

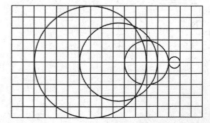

圖 5

5. 兩平行的平面鏡 A 與 B 相距 24cm，一點光源 S 位在 A 鏡的前方 8.0cm 處，如圖 6 所示。試問從點光源 S 所發出的光線，先經 A 面鏡反射一次，再經 B 面鏡反射一次後的成像，其 z 坐標爲何？

(A) z = -8.0 cm

(B) z = -32 cm

(C) z = +32 cm

(D) z = +56 cm

(E) z = +64 cm

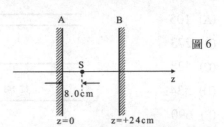

圖 6

6. 以波長爲 λ 的光照射某金屬表面，所放出電子的最大動能爲 T。若改用波長爲 $\dfrac{2\lambda}{3}$ 的光照射，則所放出電子的最大動能爲 $3T$。試問 T 爲何？ 選項中 h 爲卜朗克常數，c 爲光速。

(A) $\dfrac{3}{4}\dfrac{hc}{\lambda}$ (B) $\dfrac{2}{3}\dfrac{hc}{\lambda}$ (C) $\dfrac{1}{2}\dfrac{hc}{\lambda}$ (D) $\dfrac{1}{3}\dfrac{hc}{\lambda}$ (E) $\dfrac{1}{4}\dfrac{hc}{\lambda}$

7. 如圖 7 所示，一束波長爲 λ 的可見光平行光束，垂直通過一條寬度 $d = 2\lambda$ 的長條形狹縫後， 在遠方屏幕 C 上形成繞射條紋。若使遮闌 B 靠近屏幕 C，且遮闌的缺口對狹縫中心 O 的張角 φ 爲 45°，則屏幕 C 上出現的亮紋對 O 的張角與下列何者最爲接近？

(A) 15°

(B) 30°

(C) 45°

(D) 60°

(E) 75°

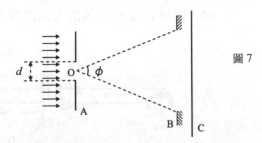

圖 7

8. 一原子最低的幾個能階如圖 8 所示。當此原子與動能爲 7.5 eV 的電子碰撞而受激後，此原子發出的光子，其波長最長可達多少 nm？

(A) 105

(B) 273

(C) 428

(D) 534

(E) 690

$$\text{———————————}\ 0$$
$$\text{———————————}\ \text{-1.25 eV}$$
$$\text{———————————}\ \text{-5.95 eV}$$
基態 $\quad\text{———————————}\ \text{-10.5 eV}$　圖 8

第 9 題及第 10 題爲題組

9. 電流天平的主要裝置包括螺線管、電流天平（含 U 型電路）、直流電源供應器、滑線可變電阻及安培計等。電流天平的構造示意圖如圖 9 所示。令螺線管所載電流稱之爲 I_2、U 型電路上的電流稱之爲 I_1、U 型電路的寬度 L = 10.0 cm、天平前端所掛的小重物重量爲 mg。下列有關電流天平的敍述何者錯誤？

(A) 常用的電流天平是一種等臂天平

(B) 利用電流天平可以測量小重物的重量

(C) 平衡時，U 型電路所受的磁力等於小重物的重量

(D) U 型電路上的電流所受的總磁力正比於 U 型電路的總長度

(E) 天平前端（掛小重物端）若一直垂下，天平無法達到平衡時，則將 I_1 或 I_2 電流的方向改變，可以解決問題

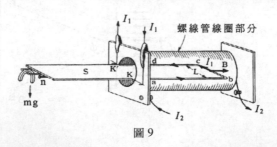

圖 9

10. 載流螺線管內部的磁場 (B) 正比於電流 (I_2)，即 $B = \alpha I_2$。小明利用電流天平裝置，測量比例常數 α。他將小重物的重量固定為 50 毫克重。實驗時，他將螺線管電流 I_2 作為主變數，電流天平電流 I_1 作為應變數，量得在平衡時，I_1 與 I_2 的關係數據，如下表所示。

I_2 (A)	1.0	1.5	2.0	3.0	4.0
I_1 (A)	3.9	2.6	2.0	1.3	1.0

試問比例常數 α 的數值為何？（α 的單位為特士拉／安培）

(A) 1.3×10^{-3} (B) 1.5×10^{-2} (C) 4.5×10^{-2}

(D) 2.4×10^{-1} (E) 8.5×10^{-1}

貳、多重選擇題（每題 5 分，共 40 分）

說明：第 11 題至第 18 題，每題各有 5 個選項，其中至少有一個是正確的。選出正確選項，標示在答案卡之「選擇題答案區」。每題 5 分，各選項獨立計分，每答對一個選項，可得 1 分，每答錯一個選項，倒扣 1 分。倒扣到本大題之實得分數為零為止，完全答對得 5 分，整題未作答者，不給分亦不扣分。

11. 在光滑水平面上，有一正三角形的均勻面板，現以如圖 10 所示的幾種方式施水平力，圖中各力的大小都相等（施力與面板邊緣的夾角為 $0°$、$60°$、$90°$、$120°$ 或 $150°$）。試問下列圖中，哪些施力方式會使面板轉動而不會移動？

圖 10

(A) 甲   (B) 乙   (C) 丙   (D) 丁   (E) 戊

12. 溫度為 -10 $^{\circ}$C、質量為 10g 的冰，若每秒固定吸收 1.0 cal 的熱量，在到達如圖 11 所示的 D 狀態時，完全轉換成溫度為 20 $^{\circ}$C 的水。此圖呈現冰（或水）的溫度 T（$^{\circ}$C）隨時間 t (s) 變化關係的示意圖（未完全依比例作圖）。已知冰的熔化熱為 80 cal/g，水與冰的比熱分別為 1.00 cal / (g·$^{\circ}$C) 及 0.50 cal/ (g·$^{\circ}$C)。下列敘述中，哪些正確？

(A) $t_B - t_A = 50$ 秒

(B) $t_C - t_B = 600$ 秒

(C) $t_D - t_C = 300$ 秒

(C) $t_B \rightarrow t_C$ 時段內，冰與水共存

(D) CD 線段的斜率為 AB 線段斜率的 0.5 倍

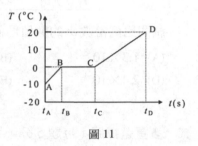

圖 11

13. 如圖 12 所示的電路中，交流電源的最大電壓為 12.0 V，理想變壓器的原線圈與副線圈的匝數比為 2：1，二極體可視為理想的整流器：順向偏壓時，二極體形同短路；逆向偏壓時，二極體形同斷路，電阻 $R = 5.0\ \Omega$。電阻 R 兩端的電位差（或稱電壓）V_{AB} 定義為 $V_{AB} = V_A - V_B$，V_A 和 V_B 分別為 A 點和 B 點的電位。試問下列敘述中，哪些正確？

(A) V_{AB} 的最大值為 4.0 V

(B) V_{AB} 的最小值為 0 V

(C) 流經電阻 R 的電流為直流

(D) 流經電阻 R 的平均電流為零

(D) 流經電阻 R 的最大電流值為 0.8 A

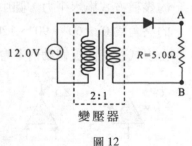

圖 12

14. 平板車在水平面上以速度 $\vec{v}$ 向右做等速運動，車上有一小球由板車地板上向右上方被拋出，如圖 13 所示。小球相對於板車之初速大小等於車速，方向與車速方向夾 θ 角，且 $\tan\theta = 4/3$。小球初速、重力加速度及車速三者位在同一平面上。小球被拋出後，因受重力影響，又落回車上。若不計空氣阻力，則下列敘述中，哪些正確？

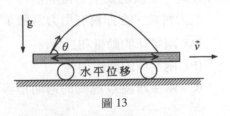

圖 13

   (A) 車內觀察者所觀測到小球的運動軌跡為一段拋物線

   (B) 車外觀察者所觀測到小球的運動軌跡為一段拋物線

   (C) 車外觀察者所觀測到小球停留在空中的時間較車內觀察者為短

   (D) 車內觀察者所觀測到小球運動的最大高度（從地板算起），是車外觀察者的 8/3 倍

   (E) 車內觀察者所觀測到小球的水平位移是車外觀察者的 3/8 倍

15. 一條各處深度都相同的水平河流，當垂直俯視其中一段河面時，其河道寬度不一，如圖 14 所示。圖中相鄰兩條流線間的每道水流，每單位時間流通的水量都相同。若河水不具壓縮性，流動時無摩擦損耗，且河道各點的水流速度不隨時間而變，則下列有關此段河流的敘述，哪些正確？

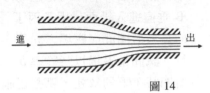

圖 14

   (A) 每條水道的水流速率，由左到右逐漸變小

   (B) 每條水道的水流壓力，由左到右逐漸變大

   (C) 每單位時間內由河道左端流入的水量大於由右端流出的水量

   (D) 每條水道左端進口的水流速率小於其右端出口的水流速率

   (E) 每條水道左端進口的水流壓力大於其右端出口的水流壓力

16. 一系統由可視爲質點的甲、乙兩星球組成，其質量分別爲 m 與 M（$M > m$），在彼此間的重力作用下，分別以半徑 r 與 R 繞系統的質心 O 做圓周運動。若質心 O 靜止不動，兩星球相距無窮遠時，系統的總重力位能爲零，則下列敘述，哪些正確？（G 爲重力常數，亦即萬有引力常數）

    (A) 兩星球的動量和爲零

    (B) 兩星球的動能相等

    (C) 兩星球繞 O 運動的週期相等

    (D) 兩星球的總重力位能爲 $-GmM\left(\dfrac{1}{r}+\dfrac{1}{R}\right)$

    (E) 兩星球的質量與繞行半徑有 $mR = Mr$ 的關係

17. 下列哪些選項的因次與卜朗克常數的因次相同？

    (A) 動量　　　　(B) 角動量　　　　(C) 熱量×時間

    (D) 力矩×時間　(E) 電流×電壓

18. 邊長分別爲 $2a$ 和 a 的正方形線圈係由相同材質及粗細的導線所繞成，如圖 15 所示。甲乙丙丁迴路上的導線電阻可不計；邊長 a 的線圈電阻爲 R。兩線圈面平行於紙面，有一均勻磁場 B 垂直進入紙面，甲乙丙丁的長方形圈面與磁場方向平行。試問當磁場以時變率 b 增加時，下列敘述，哪些正確？

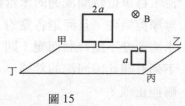

圖 15

    (A) 邊長 $2a$ 的線圈電阻是邊長 a 線圈電阻的 2 倍

    (B) 流經邊長 $2a$ 線圈上的電流大於流經邊長 a 線圈上的電流

    (C) 邊長 $2a$ 線圈上的感應電動勢是邊長 a 線圈上感應電動勢的 2 倍

    (D) 丙丁線段上的電流由丙流向丁

    (E) 丙丁線段上的電流大小爲 $a^2 b/R$

參、計算題（每題 10 分，共 20 分）

說明：　本大題共有二題，答案務必寫在答案卷上，並於題號欄標明
題號（一、二）與子題號（1、2、3…）。作答時不必抄題，
但務必寫出計算過程或理由，否則將酌予扣分。每題配分標
於題末。

一、　一圓筒位在水平桌面上，力常數爲 k 的彈簧之一端固定在圓筒
的一個端面上、另一端頂著一顆小彈珠，如圖 16 所示。當彈簧
既不被壓縮或伸長時，彈珠的中心剛好位在圓筒的開口端。小
明緩緩施水平力於彈珠，使彈簧被壓縮一段距離 d 後放開，使
彈珠由靜止被彈出。設圓筒與彈珠的質量分別爲 M 及 m，且所
有摩擦力、彈簧質量及頂著彈珠的平板質量均可不計。

(1) 若圓筒固定，則當彈珠位
在圓筒開口端時，其相對
於桌面的速率爲何？
（以 m，k 及 d 表示）(2 分)

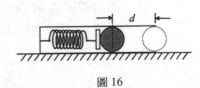

圖 16

(2) 若圓筒可以自由滑動，則
當彈珠位在圓筒開口端時，其相對於桌面的速率爲何？
（以 M，m，k 及 d 表示）(4 分)

(3) 若圓筒可以自由滑動，且圓筒的質心位在圓筒的一半長度
處。試問在彈珠由靜止彈出到被彈回開口端的時距內，圓
筒總共滑行了多少距離？（以 M，m 及 d 表示）(4 分)

二、 有一平行板電容器，內部為真空，兩個電極板的間距為 d，每一個正方形電極板的長均為 L。電容器內有一均勻電場，其量值固定為 $E = V/d$，V 為兩個電極板間的電位差，如圖 17 所示。電子從電容器左端的正中央以初速 v_0 射入，其方向平行於電極板之一邊，並打在圖上的 D 點。電子的電荷以 $-e$ 表示，質量以 m 表示，重力可不計。回答下面各問題。

(1) 求電子打到 D 點瞬間的動能 K。(以 m，e，v_0 及 V 表示) (3 分)

(2) 試問電子的初速 v_0 至少必須大於何值，電子才能避開電極板，逸出電容器外？(以 e，m，L，d 及 V 表示) (3 分)

(3) 若電容器內沒有電場，只有垂直進入紙面的均勻磁場，其值固定為 B。電子從電容器左端的正中央以平行於電極板之一邊的初速 v_0 射入，如圖 18 所示。若不計重力，則電子的初速 v_0 至少必須大於何值，電子才能避開電極板，逸出電容器外？(以 e，m，L，d 及 B 表示) (4 分)

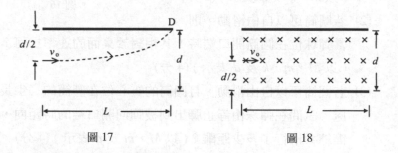

圖 17　　　　　　　　　　圖 18

九十四年度指定科目考試物理科試題詳解

壹、單一選擇題

1. D

【解析】 設每一木塊質量爲 m

則圖 1 中，由力平衡可得繩張力 $T_0 = 3mg$ ；圖 2 中，

由 $\sum \vec{F} = m\bar{a}$

$$\begin{cases} 4mg - T = 4ma \\ T - 2mg = 2ma \end{cases} \Rightarrow 解得張力 T = \frac{2(4m \times 2m)}{4m + 2m}g = \frac{8}{3}mg$$

$$\frac{T}{T_0} = \frac{\frac{8}{3}mg}{3mg} = \frac{8}{9}$$

2. C

【解析】 欲產生圖中之視覺暫留，則弦線由上端點至下端點需

時 $\frac{1}{20}$ 秒，則弦線振動週期爲 $\frac{1}{10}$ 秒，頻率爲 10[Hz]

由線上駐波公式 $f = \frac{nv}{2\ell} \Rightarrow 10 = \frac{1 \times v}{2L} \Rightarrow$ 可得 $\frac{v}{L} = 20$ ，

由選項中得知答案爲 (C)

3. A

【解析】 (1) 斷開時，等效電路如圖 1

$\Rightarrow$ 等效總電阻 $R_{total} = \frac{3}{2}(\Omega)$

$\Rightarrow$ 總電流 $I_O = \frac{\varepsilon}{R_{total}} = \frac{12}{\frac{3}{2}} = 8(A)$

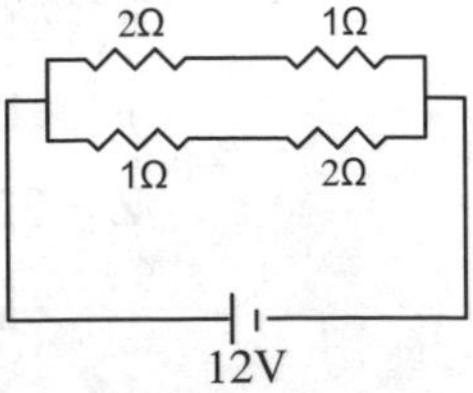

圖 1

(2) 開關接通，等效電路如圖 2

　　⇒ 等效總電阻

$$R_{total} = \frac{2}{2+1} \times 2 = \frac{4}{3}(\Omega)$$

$$\Rightarrow 總電流 I_C = \frac{\varepsilon}{R_{total}} = \frac{12}{\frac{4}{3}} = 9(A)$$

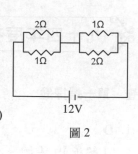

圖 2

4. **E**

【解析】由圖中前二個圓可得知：

在一週期內聲源由 O 移動到 O'，$\overline{OO'} = 2.5$ 格

再由兩圓半徑差為聲波前進一週期，

$$\overline{Oh} - \overline{O'h'} = 1.5 \text{ 格}$$

$$\Rightarrow \frac{v_s \times T}{v_w \times T} = \frac{\overline{OO'}}{\overline{Oh} - \overline{O'h'}} = \frac{2.5}{1.5} = \frac{5}{3}$$

$$\Rightarrow 聲源速率 v_s = \frac{5}{3} v_w \fallingdotseq 567(\text{m/s})$$

5. **D**

【解析】由平面鏡成像性質，物距等於像距，可知點光源 S 經

平面鏡一次成像後像位置座標 Z = -8(cm)，再經 B 鏡

時物距為 (8+24) = 32(cm)，像距也為 32(cm)，可知

成像後於 B 鏡後 32(cm)，則二次成像座標為

Z = 32+24 = 56(cm)

6. **E**

【解析】 由光電方程式 $k_M = \dfrac{hc}{\lambda} - W \Rightarrow \dfrac{hc}{\lambda} = k_{Max} + W$

$$
\begin{cases}
\dfrac{hc}{\lambda} = T + W & \cdots\cdots ① \\[3mm]
\dfrac{hc}{\dfrac{2}{3}\lambda} = 3T + W & \cdots\cdots ②
\end{cases}
\qquad ② - ① \Rightarrow T = \dfrac{1}{4}\dfrac{hc}{\lambda}
$$

7. **C**

【解析】 波程差 $P_A - P_B = d\sin\theta_n = n\lambda$，第一暗紋 $n = 1$

$\therefore \sin\theta_1 = \dfrac{\lambda}{d} = \dfrac{1}{2} \Rightarrow \theta_1 = 30^o$

故中央亮紋張角為 $2\theta_1 = 60^o > \phi = 45^o$

由於遮闌會遮住亮紋，因此只能看到 45°

8. **B**

【解析】 $7.5eV$ 的電子可使原子上升到的最大能階 $4.55eV$

所放出的光子波長

$\Rightarrow \lambda = \dfrac{hc}{E} = \dfrac{12400}{4.55}$

$= 2725\text{A}^o \fallingdotseq 273[\text{nm}]$

———————— $0 \rightarrow 10.5$

———————— $-1.25 \rightarrow 9.25$

———————— $-5.95 \rightarrow 4.55$

———————— $-10.5 \rightarrow 0$

9. **D**

【解析】 由 $\vec{F} = I\vec{\ell} \times \vec{B}$ 且 $\overline{ab}$ 段與 $\overline{cd}$ 段磁力反向相消，所以總磁力正比於 $\overline{bc}$（不是總長度）

10. **A**

【解析】 力矩平衡 $mg\ell = F_B\ell = (I_1 \overline{bc} B)\ell = \alpha(I_1 I_2 L)\ell$

$\therefore \alpha = \dfrac{mg}{I_1 I_2 L} = \dfrac{(50 \times 10^{-6}) \times 10}{4 \times 0.1} \fallingdotseq 1.3 \times 10^{-3}[T/A]$

貳、多重選擇題

11. **CD**

【解析】　三力通過同一點，即不會轉動；力矩 $\sum \tau = 0$ 也不會轉動

12. **ADE**

【解析】　(A) $1 \times (t_B - t_A) = ms\Delta T = 10 \times 0.5 \times 10$ ，$t_B - t_A = 50$

(B) $1 \times (t_C - t_B) = 10 \times 80$ ，$t_C - t_B = 800$

(C) $1 \times (t_D - t_C) = ms\Delta T = 10 \times 1 \times 20$ ，$t_D - t_C = 200$

(D) $\overline{BC}$ 段為融解，故冰水共存

(E) $\overline{AB}$ 斜率：$\dfrac{10}{t_B - t_A} = \dfrac{10}{50} = \dfrac{1}{5}$ ；$\overline{CD}$ 斜率：$\dfrac{20}{t_D - t_C} = \dfrac{1}{10}$

13. **BC**

【解析】　(A) V_{AB} 最大值 $6V$ ，$\dfrac{12}{2} = \dfrac{V_{AB}}{1}$ ，$V_{AB} = 6V$

(B) 整流作用，V_{AB} 最小值 $0V$

(C) 順偏導通，逆偏不導通，故為直流電

(D) 平均電流不為零，流經 R 最大電流 $\dfrac{6}{5} A$ ，最小電流為零

(E) 最大電流 $\dfrac{6}{5} A$

14. **ABE**

【解析】　(A) 等速座標，車內看為拋物線

(B) 車外看，鉛直方向仍受重力作用，水平方向速度增加，因此仍為拋物線

(C) 車內、車外觀察飛行時間相同

(D) 高度相同

(E) $v_x = v\cos\theta$ ，$\tan\theta = \dfrac{4}{3}$ ，$\cos\theta = \dfrac{3}{5}$ ，$v_x = \dfrac{3}{5}v$

車內：$x = v_x \cdot t = \dfrac{3}{5}v \cdot t$ ；

車外：$x' = v_x' \cdot t = (\dfrac{3}{5}v + v)\cdot t = \dfrac{8}{5}v \cdot t$ 　$\dfrac{x}{x'} = \dfrac{3}{8}$

15. **DE**

【解析】 (1) $A_左 V_左 = A_右 V_右$ ，因 $A_左$ 大於 $A_右$ 　∴$V_左$ 小於 $V_右$

(2) 白努利定律：流速大，壓力小，故選 (D)(E)

16. **AC**

【解析】 雙星系統

(A) 動量和為零

(B) $E_{km} : E_{kM} = M : m$

(C) 角速度 ω ，週期 T 相同

(D) $U_T = -\dfrac{GMm}{(r+R)}$

(E) $mr = MR$

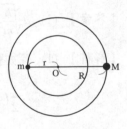

17. **BCD**

【解析】 (A) 動量 $P = \dfrac{h}{\lambda}$

(B) 角動量 $rmv = n\dfrac{h}{2\pi}$

(C) 由 h 單位為 $(J)\times(S)$

(D) (力矩×時間) $= (F \times r \times t) \Rightarrow$ 單位是：$(J)\times(S)$

(E) $I \times V = P$(功率)

18. **AE**

【解析】(A) $R_{大} : R = \ell_{大} : \ell = (2a \times 4) : (a \times 4) = 2 : 1$

(B) 電流相同

(C)

$$\begin{cases} \varepsilon = -\dfrac{\Delta\phi}{\Delta t} = -\dfrac{A\Delta B}{\Delta t} = -Ab \propto A \\[3mm] I = \dfrac{\varepsilon}{R} \qquad\qquad \text{(C) 為 4 倍} \end{cases}$$

(D) $I_{大} = \dfrac{4a^2 \times b}{2R} = \dfrac{2a^2 b}{R}$（甲 → 丁）

(E) $I_{小} = \dfrac{a^2 b}{R}$（乙 → 丙　反向）

$$\sum I = I_{大} - I_{小} = \dfrac{a^2 b}{R}\text{（乙 → 丙 → 甲 → 丁）}$$

參、計算題

一、【答案】(1) $d\sqrt{\dfrac{k}{m}}$　(2) $d\sqrt{\dfrac{Mk}{m(M+m)}}$　(3) $X_M = \dfrac{m}{M+m}d$

【解析】(1) 彈力位能轉移為彈珠動能

$$\therefore \frac{1}{2}kd^2 = \frac{1}{2}mv_1^2 \Rightarrow v_1 = d\sqrt{\frac{k}{m}}$$

(2) ∵ 系統原為靜止

∴ 由動量守恆及力學能守恆 $\Rightarrow \dfrac{k_M}{k_m} = \dfrac{m}{M}$

$$\therefore \frac{1}{2}kd^2 \times \frac{M}{M+m} = \frac{1}{2}mv_2^2 \quad \Rightarrow v_2 = d\sqrt{\frac{Mk}{m(M+m)}}$$

(3) 承(2)之理，由動量守恆 $\begin{cases} \dfrac{X_M}{X_m} = \dfrac{m}{M} \\[3mm] X_M + X_m = d \end{cases}$

$$\therefore X_M = \frac{m}{M+m}d$$

二、【答案】 (1) $\dfrac{1}{2}mv_0^2+\dfrac{eV}{2}$　　(2) $\dfrac{L}{d}\sqrt{\dfrac{eV}{m}}$　　(3) $\dfrac{eB}{md}(L^2+\dfrac{d^2}{4})$

【解析】 (1) 水平方向：等速度(v_0)運動

鉛直方向：等加速度($a=\dfrac{F}{m}=\dfrac{eV}{md}$)運動

恰打到 D 點之時間 $t=\dfrac{L}{v_0}$ 時，

鉛直速度 $v_y=at=\dfrac{eV}{md}\times\dfrac{L}{v_0}$

$\therefore k=\dfrac{1}{2}mv_0^2+\dfrac{1}{2}m(v_y)^2=\underline{\dfrac{1}{2}mv_0^2+\dfrac{eV}{2}}$

(註)由力學能守恆亦可得到答案

(2) 欲避開平板，則電子之鉛直位移 $y\leq\dfrac{d}{2}$

$\Rightarrow y\leq\dfrac{d}{2}$　　$\therefore\dfrac{1}{2}at^2=\dfrac{1}{2}(\dfrac{eV}{md})(\dfrac{L}{v_0})^2\leq\dfrac{d}{2}$　　$\Rightarrow \underline{v_0\geq\dfrac{L}{d}\sqrt{\dfrac{eV}{m}}}$

(3) 電子受磁力作用將做半徑 R 之等速率圓周運動，如右圖

$\Rightarrow R=\dfrac{mv_0}{eB}\cdots\cdots$①

由畢氏定理

$(R-\dfrac{d}{2})^2+L^2=R^2\cdots\cdots$②

①代入②

$\Rightarrow(\dfrac{mv_0}{eB}-\dfrac{d}{2})^2+L^2=(\dfrac{mv_0}{eB})^2$

$\Rightarrow \underline{v_0\geq\dfrac{eB}{md}(L^2+\dfrac{d^2}{4})}$

九十四學年度指定科目考試（物理）
大考中心公佈答案

題　號	答　　案	題　號	答　　案
1	D	16	AC
2	C	17	BCD
3	A	18	AE
4	E		
5	D		
6	E		
7	C		
8	B		
9	D		
10	A		
11	CD		
12	ADE		
13	BC		
14	ABE		
15	DE		

九十四學年度指定科目考試
各科成績標準一覽表

科　　目	頂　標	前　標	均　標	後　標	底　標
國　文	60	53	44	34	27
英　文	69	55	34	16	8
數學甲	59	47	32	19	11
數學乙	61	46	25	10	4
化　學	76	59	34	15	8
物　理	57	41	23	12	6
生　物	71	59	44	31	22
歷　史	56	48	35	22	13
地　理	55	47	36	25	18

※ 以上五項標準係依各該科全體到考考生成績計算，且均取整數（小數只捨不入），各標準計算方式如下：

頂標：成績位於第 88 百分位數之考生成績。

前標：成績位於第 75 百分位數之考生成績。

均標：成績位於第 50 百分位數之考生成績。

後標：成績位於第 25 百分位數之考生成績。

底標：成績位於第 12 百分位數之考生成績。

九十三年大學入學指定科目考試試題
物理考科

壹、單一選擇題（每題 4 分，共 40 分）

說明： 第 1 題至第 10 題，每題選出一個最適當的選項，標示在答案卡
　　　之「選擇題答案區」。每題答對得 4 分，答錯或劃記多於一個選
　　　項者倒扣 1 分，倒扣到本大題之實得分數爲零爲止，未作答者，
　　　不給分亦不扣分。

1. 首先精確決定電子電荷大小的是下列中的哪一個實驗？
   (A) 夫然克-赫茲實驗　　　　(B) 湯木生荷質比實驗
   (C) 密立坎油滴實驗　　　　(D) 拉塞福實驗
   (E) 密立坎光電效應實驗

2. 在一粒小石自空中由靜止自由落向地面的過程中，若不計空氣阻
   力，則每隔 0.1 秒，下列哪個物理量的變化量均維持不變？
   (A) 位移　　　　　　(B) 速度　　　　　(C) 動能
   (D) 位能　　　　　　(E) 重力對石頭所做的功

3. 某生利用如圖 1 所示的電路測量一個待測電阻 R 的 I-V 曲線。試
   問電路中，X，Y，及 Z 各爲何種器材？
   (A) X：電阻箱；Y：伏特計；Z：安培計
   (B) X：伏特計；Y：安培計；Z：電阻箱
   (C) X：安培計；Y：電阻箱；Z：伏特計
   (D) X：伏特計；Y：電阻箱；Z：安培計
   (E) X：安培計；Y：伏特計；Z：電阻箱

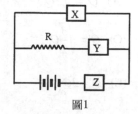

圖1

4. 時間 $t = 0$ 秒時，在一條拉緊的長繩上有二個不等高的脈衝波分別向左及向右行進，如圖 2 所示。已知繩波的波速為 10 m/s，則在 $t = 0.9$ 秒時，繩波的形狀為下列何者？

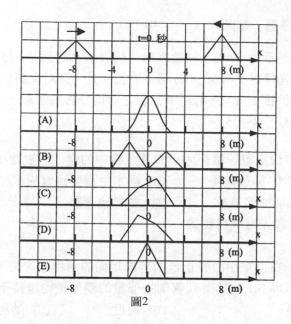

圖2

5. 點電荷 Q、Q 及 Q'（Q 與 Q' 均為正）分別位在一個正三角形的三個頂點上，如圖 3 所示。若正三角形中心處的電場為零，則 Q' 與 Q 間的關係為下列何者？

(A) $Q' = \sqrt{2}Q$　　　　(B) $Q' = Q$

(C) $Q' = \sqrt{\dfrac{3}{2}}Q$　　　(D) $Q' = \sqrt{3}Q$

(E) $Q' = 2Q$

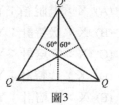

圖3

6. 絕對溫度為 T 的某理想氣體密封於一個立方盒內，如圖 4 所示。
依氣體動力論，下列數學式中何者錯誤？
註：v_x 代表分子速度 $\bar{v}$ 在 x 軸方向之分量，分子速率 $v = |\bar{v}|$，分子的方均根速率以 v_{rms} 表示，$\langle v_x \rangle$ 代表所有分子v_x的平均值，餘類推。k_B 為波茲曼常數，m 為分子質量。

(A) $\langle v_x \rangle = 0$　　　　　(B) $\langle v \rangle \neq 0$

(C) $\langle v_x^2 \rangle = \dfrac{1}{3}\langle v^2 \rangle$　　　(D) $v_{\text{rms}}^2 = \langle v^2 \rangle$

(E) $v_{\text{rms}} = \sqrt{\dfrac{3k_B T}{2m}}$

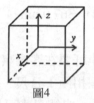

圖4

7. 某人手握一個空玻璃杯，將杯口朝下，垂直按入水面下，如圖 5 所示。已知杯內水面與容器水面間的高度差為10.0 cm，玻璃杯的截面積為30.0 cm^2、重量為180 gw (克重)。若不計杯內的空氣重量，則此人在垂直方向需施力若干，才能維持玻璃杯的平衡？

(A) 120 gw

(B) 180 gw

(C) 260 gw

(D) 300 gw

(E) 480 gw

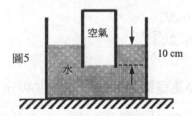

圖5　空氣　水　10 cm

8. 帶電 q 的粒子垂直射入量值為 B 的均勻磁場中，留下如圖 6 所示的軌跡。在粒子質量與運動速率皆未知的情況下，在下列有關該粒子的物理量中，何者可以確定？

(A) 動能

(B) 質量

(C) 運動速率

(D) 動量的量值

(E) 電荷與質量的比值

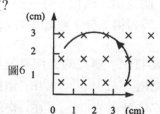

圖6

9. 已知氫原子的電子從量子數 n =2 能階躍遷至 n =1 能階時，發射波長為 121.5 nm 的電磁波；從 n =4 能階躍遷至 n =1 能階時，發射波長為 97.2 nm 的電磁波。試問電子從 n =4 能階躍遷至 n =2 能階時，所發射電磁波的波長為何？

(A) 112.0 nm　　　　　(B) 153.4 nm　　　(C) 272.8 nm

(D) 367.9 nm　　　　　(E) 486.0 nm

10. 小軒要在客廳裏掛上一幅 1 公斤重的畫(含畫框)，畫框的背面有兩個相距 1 公尺、位置固定的釘子。他將畫對稱的掛在牆壁的掛鉤上，掛繩最大可以承受 1 公斤重的張力，掛好後整條細繩呈緊繃的狀態（見圖7）。假設細繩可以承受的最大張力與繩長無關，則細繩最少需要幾公尺才不至於斷掉？

(A) $2/\sqrt{3}$

(B) 3/2

(C) 2

(D) 5/2

(E) $2\sqrt{3}$

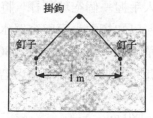

圖7

貳、多重選擇題（每題5分，共40分）

說明：第 11 題至第 18 題，每題各有 5 個選項，其中至少有一個是正確的。選出正確選項，標示在答案卡之「選擇題答案區」。每題五分，各選項獨立計分，每答對一個選項，可得 1 分，每答錯一個選項，倒扣 1 分。倒扣到本大題之實得分數為零為止，完全答對得 5 分，整題未作答者，不給分亦不扣分。

11. 下列器材中，哪些的工作原理和電磁感應現象無關？

(A) 電鍋　　　　　(B) 電磁爐　　　　　(C) 變壓器

(D) 安培計　　　　(E) 交流發電機

12. 如圖8 所示，當人造衛星(S)環繞地球(E)做半徑為 r (從地球中心算起)的圓軌道運動時，下列有關該衛星物理量的量值，哪些隨半徑 r 的增加而增加（衛星的質量固定）？

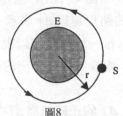

(A) 圓周運動速率

(B) 圓周運動的角速率

(C) 圓周運動的週期

(D) 相對於地球中心點的角動量

(E) 動能

圖8

13. 透明薄平板玻璃所組成的魚缸中，悠游著一條小魚，如圖 9 所示。在某時刻，某人沿圖中的 CD 直線觀看小魚，小魚的軀幹平行於 CD 直線。下列敘述中哪些正確？

(A) 人所看到，魚的影像為實像。

(B) 人所看到，魚的位置和實際位置相同。

(C) 人所看到，魚的長度等於實際的長度。

(D) 當魚以速率v，沿CD 直線游離此人時，人所觀測到的速率小於v。

(E) 當魚與人的位置固定時，魚缸的玻璃厚度若較大，則人所看到魚的影像比薄玻璃時更為接近。

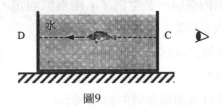

圖9

14. 在『楊氏雙狹縫干涉實驗』中，設兩個長條形狹縫間的距離為 d，狹縫至屏幕 S 間的距離為 D，波長為 λ 的單色平行光垂直入射於狹縫，如圖 10 所示。若兩條狹縫所發出的光在到達屏幕上 P 點所產生的路程差以 Δr 表示，則下列敘述哪些正確？

(A) 每一條狹縫可以視為波長為 λ 的線光源

(B) 兩條狹縫所發出的光，可視為不相干的。

(C) Δr 的正確值為 $\sqrt{D^2 + \left(y + \dfrac{d}{2}\right)^2} - \sqrt{D^2 + \left(y - \dfrac{d}{2}\right)^2}$

(D) 若 $D \gg d$ 及 y，則 Δr 可近似表示為 $\Delta r = \dfrac{yD}{d}$

(E) 當 $\Delta r = \dfrac{5}{2}\lambda$ 時，在 P 點發生破壞性（相消性）干涉。

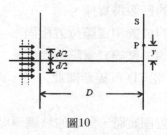

圖10

15. 一條張緊的弦線，長度為 ℓ，兩端點固定，如圖 11 所示。令弦波的波速為 v，則下列敘述哪些正確？

(A) 弦線的密度越大，則 v 越大。

(B) 張力越大，則 v 越大。

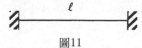

圖11

(C) 弦線以基頻振動時的頻率為 v/ℓ。

(D) 弦線以基頻振動時，以弦線中點的振幅為最大。

(E) 當弦線以基頻 f_1 振動時，弦上各點作相同頻率的簡諧振動，且弦線的總動能正比於 f_1 的一次方。

16. 在『電流的磁效應實驗』中，利用磁針的偏轉角度，測量長直導線上的電流所產生的磁場。令電流以符號 I 表示；磁針與導線的垂直距離以符號 r 表示；磁針的偏轉角度以符號 φ 表示（I＝0 時，取為 $\varphi = 0$）。下列敘述哪些正確？
    (A) I＝0 時，在水平桌面上的磁針北極大約指向地理北極。
    (B) 電流磁場最好垂直於地磁的水平分量，以方便電流磁場的測量。
    (C) 磁針北極所指的方向即為電流磁場的方向
    (D) 當r 一定時，tan φ 正比於I。
    (E) 當I 一定時，cos φ 反比於r。

17. 下列關於半導體性質的敘述中，哪些是正確的？
    (A) 純矽晶中，自由電子為電流載子，但電洞不是。
    (B) 純矽晶中若摻入磷的雜質，則成為 p 型半導體。
    (C) p 型矽晶中，電洞為主要的(或多數的)電流載子，自由電子為次要的(或少數的)電流載子。
    (D) p 型矽晶中有電流流通時，電洞和自由電子流動所形成的電流，兩者異向。
    (E) 二極體有整流的功能，乃因晶體內有一內建電場之故。

18. 火星表面上的重力加速度比地球表面上為小。下列有關在地球和火星表面上各種物理現象的敘述，哪些正確？
    (A) 繩長相同的單擺做小幅度擺動的週期相同
    (B) 同一個質量-彈簧系統垂直懸掛，作簡諧振動的週期相同。
    (C) 同一個物體完全沒入水中所受的浮力相同
    (D) 同一個物體所受的大氣浮力相同
    (E) 氫原子的游離能相同

參、計算題（每題10分，共20分）

說明： 本大題共有 2 題，每題 10 分。答案務必寫在答案卷上，並於題號欄標明題號（一、二）與子題號（1、2、3⋯）。作答時不必抄題，但務必寫出計算過程或理由，否則將酌予扣分。每題配分標於題末。

一. 質量M 的木塊在水平地面上以初速度v_0滑出。已知木塊與地面間的動摩擦係數為μ_K，回答下列各問題。

1. 若木塊滑行一段距離 S_1 後，速度變成$v_0/2$，求S_1。（3 分）

2. 試問木塊滑行多少時間(以符號 t_1 表示)後，速度v_0由變成$v_0/2$。（3 分）

3. 當木塊的速度變成$v_0/2$的瞬間，有一質量為 m 的物體從木塊的正上方以接近零的速度落下，如圖12 所示，並和木塊黏在一起。試問這兩個物體可繼續滑行多遠(以符號 S_2 表示)後才停住？（4 分）

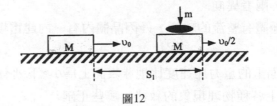

圖12

二. 一金屬細桿可在一ㄈ字型、電阻可不計的光滑金屬軌道(寬度為ℓ)
　　上自由滑動。已知細桿的質量為m、電阻為R。外加均勻磁場垂直
　　於軌道面(進入紙面)，如圖 13 所示。已知此磁場在時間 t＝0 時的
　　強度為B_0，且此磁場隨時間的增加而呈線性遞減(見圖14)，即
　　B＝$B_0(1-\alpha t)$，α 為正常數。已知細桿在t＝0 時和軌道 CD 端的距
　　離為d，且初速為零，若感應電流產生的磁場可忽略不計，求在
　　t＝0 瞬間，

1. 通過ABCD 迴路的磁通量的大小(2 分)

2. ABCD 迴路上的感應電動勢的大小(2 分)

3. 金屬細桿上感應電流的大小及方向(2 分)(說明電流是從A 端流向B
　　端，或從B 端流向A 端)

4. 金屬細桿的加速度大小(重力可忽略不計)及方向(說明向右或向
　　左)(4 分)

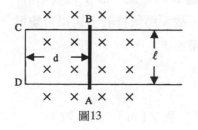
圖13

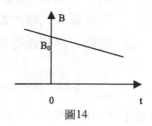
圖14

❋ 九十三年度指定科目考試物理科試題詳解 ❋

壹、單一選擇題

1. **C**

   【解析】　密立坎以油滴實驗測量出電量的基本單位，

   　　　　　$e = 1.6 \times 10^{-19}$ C

2. **B**（大考中心公佈答案：A 或 B 或 E）

   【解析】　注意，題意指「變化量」不變者。

   　　　　　$\Rightarrow v = gt$　$\therefore \Delta v = g\Delta t$

   　　　　　故選 (B)

3. **B**

   【解析】　測 $I-v$ 曲線，應測通過 R 的電流，故 Y 為安培計，
   同時測 R 二端之電壓，故 x 為伏特計，再以可變電
   阻箱 Z 調整通過 R 之電流。

4. **D**

   【解析】　t＝0.9 秒時，二波各已行進 9〔m〕，圖形如下

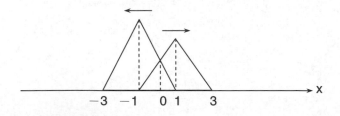

   故疊加後如圖 (D)

5. **B**

【解析】 三電荷在中心處電場方向兩兩夾 120° 角，三者抵消，
故三電荷之電場量值均相等，又距離相等，故電荷量
相等。

6. **E**

【解析】 此題考氣體動力論的導證 (死背的同學可能覺得困難，

但 (E) 有明顯錯誤，$v_{rms} = \sqrt{\dfrac{3K_B T}{m}}$

7. **A**

【解析】 玻璃杯受三力平衡，浮力 $\vec{B}$ 向上，重力 $\vec{W}$ 及外力 $\vec{F}$ 向下
$\vec{B} = \vec{W} + \vec{F} \Rightarrow \rho Vg = mg + F$
$\rho \vec{v} = m + \vec{F}$
$\Rightarrow \vec{F} = 10 \times 30 - 180 = 120(gw)$ 向下

8. **D**

【解析】 由題意已知，電量 q 及磁場 B，再由圖中可量得迴轉
半徑 R

$R = \dfrac{mv}{qB}$ 僅可知 $\vec{P} = \vec{mv} = qBR$

9. **E**

【解析】 $n = 4 \rightarrow n = 2$

$\Delta E = E_4 - E_2 = -13.6(\dfrac{1}{4^2} - \dfrac{1}{2^2}) = \dfrac{hc}{\lambda} = \dfrac{12400}{\lambda}$

$\Rightarrow$ 波長 $\lambda = 486.0$nm

10. **A**

【解析】　由力圖分析 $T\cos\theta\times2=\text{W}$

$\Rightarrow T\leq1\text{kgw}$

$\Rightarrow\cos\theta\geq\dfrac{1}{2}\quad\Rightarrow\theta\leq60^{\circ}$

$\Rightarrow$ 細繩長 $0.5\csc60^{\circ}\times2=\dfrac{2}{\sqrt{3}}$

貳、多重選擇題

11. **AD**

【解析】　(A) 電鍋為電流熱效應

(D) 安培計為電流磁力力矩偏轉

12. **CD**

【解析】　(A) $v=\sqrt{\dfrac{GM}{r}}$ ，r 增加，v 減少

(B) $\omega=\sqrt{\dfrac{GM}{r^3}}$ ，r 增加，ω 減少

(C) $T=2\pi\sqrt{\dfrac{r^3}{GM}}$ ，r 增加，T 增加

(D) $L=\sqrt{GMm^2r}$ ，r 增加，L 增加

(E) $E_k=\dfrac{GMm}{2r}$ ，r 增加，E_k 減少

13. **DE**

【解析】 (A) 爲虛像，因光路徑並無實會聚

(B) 有視深，因此位置不同

(C) $\Delta h' = \dfrac{\Delta h}{n}$ ，n＞1　∴$\Delta h' ＜ \Delta h$

(D) 承 (c)，小於 v

(E) 光經過玻璃則會因視深而變近，若厚度愈大則變近的愈多

14. **ACE**

【解析】 (A) ∵是長條形狹縫　∴爲線光源

(B) 同頻率，同波長有相干性

(C) $\Delta r = r_2 - r_1 = \sqrt{D^2 + (y+\dfrac{d}{2})^2} - \sqrt{D^2 + (y-\dfrac{d}{2})^2}$

(D) Δr 即波程差，當 D≫d，$\sin\theta \approx \dfrac{y}{D} \approx \dfrac{\Delta r}{d}$

∴$\Delta r = \dfrac{yd}{D}$

(E) 同相波源，波程差爲半波長奇數倍時爲相消性干涉

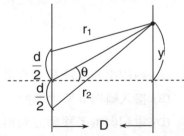

15. **BD**

   【解析】 (A) (B) $v = \sqrt{\dfrac{F}{\mu}}$

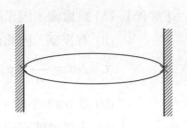

   (C) 基頻 $f = \dfrac{v}{2\ell}$

   (D) 基頻駐波波形

   (E) $K \propto f_1^2$

16. **ABD**（大考中心公佈答案：**ABD** 或 **BD**）

   【解析】 (A) 較正確應為地磁北極，但地磁北極與地理北極相近，選「大約」亦可

   (C) 是地磁磁場與電流磁場的合磁場比值

   (D) $\tan\phi = \dfrac{B_I}{B_e} = \dfrac{\mu_0 I}{2\pi r B_e} \propto I$

   (E) $\cos\phi = \dfrac{B_e}{\sqrt{B_e^2 + B_I^2}}$

   $= \left[1 + \left(\dfrac{\mu_0 I}{2\pi r B_e} \right)^2 \right]^{-\frac{1}{2}}$

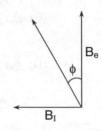

17. **CE**

   【解析】 (A) 純矽中的電流載子有電子與電洞

   (B) 摻入磷為 n 型半導體

   (D) 電洞與電子移動方向相反，但造成的電流同向

   (E) 內建電場導致加逆向偏壓時只有微弱電流，因此具有整流功能

18. **BE**

【解析】 (A) $T = 2\pi\sqrt{\dfrac{\ell}{g}}$ 與 g 有關

(B) $T = 2\pi\sqrt{\dfrac{m}{k}}$ 與 g 無關

(C) (D) 浮力是由重力造成，因此與 g 有關

(E) $E_n = -\dfrac{mk^2Z^2e^4}{2n^2h^2} = -13.6\dfrac{Z^2}{n^2}$ (e.v) 與 g 無關

參、計算題

1. 【解析】 (1) 木塊加速度為 $g\mu_k$ (向左)，作等減速運動。

$$\therefore (\frac{v_0}{2})^2 = v_0^2 - 2g\mu_k S_1 \Rightarrow S_1 = \underline{\underline{\dfrac{3v_0^2}{8g\mu_k}}}$$

(2) 由 $v = v_0 + at \Rightarrow (\dfrac{v_0}{2}) = v_0 - g\mu_k t_1 \Rightarrow t_1 = \underline{\underline{\dfrac{v_0}{2g\mu_k}}}$

(3) 碰撞瞬間水平方向動量守恆

$$M(\frac{v_0}{2}) = (M+m)v' \Rightarrow v' = \dfrac{Mv_0}{2(M+m)}$$

由 $v^2 = v_0^2 + 2as \Rightarrow$

又 $0^2 = (\dfrac{Mv_0}{2(M+m)})^2 - 2g\mu_k S_2$

$$\Rightarrow S_2 = \underline{\underline{\dfrac{M^2v_0^2}{8(M+m)^2 g\mu_k}}}$$

2. 【解析】 (1) 磁通量$\phi_B = BA = B_0(1-\alpha t) \cdot (\ell \cdot d)$

$\Rightarrow t = 0 \Rightarrow \phi_B(0) = B_0\ell d$

(2) 由法拉第定律 $\varepsilon = -\dfrac{d\phi_B}{dt} = \underline{B_0\alpha\ell d}$

(3) 由歐姆定律 $I = \dfrac{\varepsilon}{R} = \dfrac{B_0\alpha\ell d}{R}$，由冷次定律，

方向 $\underline{B \rightarrow A}$

(4) 由牛頓定律及電流磁力

$\Rightarrow$ 加速度 $a = \dfrac{F_B}{m} = \dfrac{I\ell B}{m} = \dfrac{\left(\dfrac{B_0\alpha\ell d}{R}\right)\ell B}{m}$

$= \dfrac{B_0^2\alpha\ell d(1-\alpha t)}{mR}$

$\overset{t=0}{\Rightarrow} a(0) = \dfrac{B_0^2\alpha\ell^2 d}{mR}$，$\underline{\text{方向向右}}$

九十三學年度指定科目考試（物理）
大考中心公佈答案

題　號	答　　　案	題　號	答　　　案
1	C	16	ABD 或 BD
2	A 或 B 或 E	17	CE
3	B	18	BE
4	D		
5	B		
6	E		
7	A		
8	D		
9	E		
10	A		
11	AD		
12	CD		
13	DE		
14	ACE		
15	BD		

九十三學年度指定科目考試
各科成績標準一覽表

科　目	頂　標	前　標	均　標	後　標	底　標
國　文	73	67	58	47	39
英　文	58	44	27	15	9
數學甲	66	50	30	18	10
數學乙	65	50	32	19	12
化　學	66	51	30	15	7
物　理	75	59	35	19	12
生　物	80	71	57	43	33
歷　史	49	41	30	19	12
地　理	60	52	42	30	21

※ 以上五項標準係依各該科全體到考考生成績計算，且均取整數（小數只捨不入），各標準計算方式如下：

頂標：成績位於第 88 百分位數之考生成績。

前標：成績位於第 75 百分位數之考生成績。

均標：成績位於第 50 百分位數之考生成績。

後標：成績位於第 25 百分位數之考生成績。

底標：成績位於第 12 百分位數之考生成績。

九十二年大學入學指定科目考試試題
物理考科

壹、單一選擇題（每題 4 分，共 40 分）

說明：第 1 題至第 10 題，每題選出一個最適當的選項，標示在答案卡
之「選擇題答案區」。每題答對得 4 分，答錯倒扣 1 分，倒扣到
本大題之實得分數為零為止，未答者不給分亦不扣分。

1. 一質量 2.0 公斤的物體放在水平桌面上，物體與桌面的滑動摩擦
係數為 0.25。今以 6.0 牛頓的力沿水平方向推物體，使作加速度
運動，當物體移動 5.0 公尺時，此物體的動能約增加多少焦耳？
   (A) 3 0　　　　　　(B) 1 5　　　　　　(C) 1 0
   (D) 5　　　　　　　(E) 2

2. 一底面積為 25 cm^2 的燒杯，直立浮於水中。若以吸管自燒杯中取
出 100 cm^3 的液體，則浮於水中的燒杯會上升 3.4cm，如圖所示。
已知水的密度為 1.0 g/cm^3，試問此液體的密度為多少 g/cm^3？
   (A) 0.78
   (B) 0.85
   (C) 0.95
   (D) 1.1
   (E) 1.2

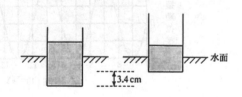

3. 一質量為 m 的行星沿橢圓形軌道環繞太陽運動，已知此行星離太
陽的最大和最小距離分別為 R 和 r；行星的最小速率為 v。此行星
在近日點的動能減去在遠日點的動能，其差值為何？

(A) 0　　　　　(B) $\dfrac{m(R-r)v^2}{2r}$　　　　　(C) $\dfrac{m(r-R)v^2}{2R}$

(D) $\dfrac{m(R^2-r^2)v^2}{2r^2}$　　　　　(E) $\dfrac{m(r^2-R^2)v^2}{2R^2}$

4. 一只電燈泡接上 50 V 的電源，通過的電流爲 2 A。如果將該燈泡使用 49 分鐘所消耗的電能，完全轉換爲力學能時，約能將多少瓶 1 kg 的飲料抬上離地 4 m 高的二樓？
   （ 重力加速度爲 9.8 m/s² ）

   (A) 100　　　　　(B) 750　　　　　(C) 4900

   (D) 7500　　　　(E) 9800

5. 某音叉振動所產生的聲波在大氣中傳播時，空氣分子的振動位移隨著時間的變化如下圖所示，利用此音叉可於兩端開口的開管空氣柱中形成駐波。若波速爲 340 m/s，則下列敘述何者正確？

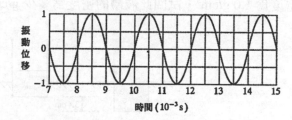

   (A) 大氣中的聲波頻率爲 1000 Hz
   (B) 大氣中的聲波波長爲 0.17 m
   (C) 在開管空氣柱中，相鄰兩波腹的間距爲 0.34 m
   (D) 要形成駐波，開管最短約可爲 0.17 m
   (E) 開管的兩端爲波節

6. 單狹縫繞射實驗中，分別從狹縫的兩邊緣處到達第一暗紋的光程
　　差是波長的多少倍？

(A) 1/2　　　　　　(B) 1　　　　　　(C) 3/2

(D) 2　　　　　　(E) 5/2

7. 小華將一半徑為 r 的小線圈平放在電磁爐表面，假設某一瞬間通
　　過小線圈的磁場 B 為均勻，而且和線圈面垂直，且磁場與時間 t
　　的關係為 $B(t) = \beta t$，其中 β 為常數，則小線圈中的感應電動勢大
　　小為何？

(A) βt　　　　　　(B) $2\pi r \beta t$　　　　　　(C) $\pi r^2 \beta t$

(D) $2\pi r \beta$　　　　　　(E) $\pi r^2 \beta$

8. 兩聲源（揚聲器，俗稱喇叭）以相同的方式發出同頻率，同強度
　　的相干聲波。下圖弧線所示為某瞬間，兩波之波谷的波前。A、B、
　　C、D、E 代表 5 位聽者的位置，有關這五位聽者，下列敘述何者
　　正確？

(A) A 聽到的聲音最強

(B) A、C 聽到的聲音一樣強

(C) B 聽到的聲音最弱

(D) A 聽到的聲音最弱

(E) B、E 聽到的聲音一樣強

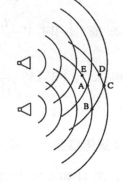

9. 如圖所示，甲電荷 $+q$ 與乙電荷 $-q$，兩者相距 $4a$，若取兩電荷
　　連線上之 s 點處的電位為零，則圖中距 O 點 $2a$ 之 P 點處的電
　　位為何？（已知庫侖定律為 $F = k\dfrac{q_1 \cdot q_2}{r^2}$）

(A) 0

(B) $\dfrac{kq}{\sqrt{2}a}$

(C) $\dfrac{kq}{2\sqrt{2}a}$

(D) $\dfrac{-kq}{\sqrt{2}a}$

(E) $\dfrac{2kq}{3a}$

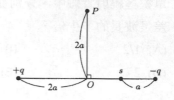

10. 如圖所示，波長爲 λ 的光子照射功函數爲 W 的金屬表面。由正極板中央 A 點釋出的光電子經由電壓爲 V 的平行電板作用後，最後經由負極上方的小孔 B 逸出。已知正負極板相距 L，小孔 B 與負極板中心點相距 D。假設小孔甚爲微小，不會影響電子受電極的加速運動。則電子由小孔逸出時，其最大動能 K 爲何？選項中 $e > 0$ 爲電子電荷大小，$V > 0$，h 爲卜朗克常數。

(A) $hc/\lambda - W - eV$

(B) $hc/\lambda - W + eV$

(C) $hc/\lambda + W - eV\dfrac{L}{\sqrt{L^2+D^2}}$

(D) $hc/\lambda - W + eV\dfrac{L}{L+D}$

(E) $hc/\lambda + W - eV\dfrac{D}{\sqrt{L^2+D^2}}$

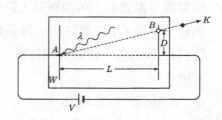

貳、多重選擇題（每題 5 分，共 60 分）

說明：第 11 題至第 22 題，每題各有 5 個選項，其中至少有一個是正確的，選出正確選項，標示在答案卡之「選擇題答案區」上。各選項獨立計分，每答對一個選項，可得 1 分，完全答對得 5 分，每答錯一個倒扣 1 分，倒扣到本大題之實得分數爲零爲止；未作答者，不給分亦不扣分。

11. 如右圖所示，通有電流 I 的導線經原點時有長度 ΔL 的一小段直
　　導線與 x 軸重合，請問下列有關這小段直線在圖中 A 至 F 等六
　　個不同位置所產生的磁場量值的敘述，哪些是正確的？此六個點
　　均位於 xy 面上，其座標分別為 $A：(5,0)$、$B：(0,5)$、$C：(-5,0)$、
　　$D：(0,-5)$、$E：(3,4)$、$F：(6,8)$

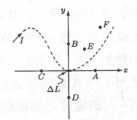

(A) A 的磁場量值大於 B 的磁場

(B) B 的磁場量值大於 E 的磁場

(C) C 的磁場為零

(D) D 的磁場為零

(E) E 的磁場量值為 F 的 4 倍

12. 有一單擺在一鉛垂面上擺動，擺錘的質量為 m，最大擺角為 θ_0。
　　此單擺在任一時刻的擺角以 θ 表示，如圖所示，若空氣阻力可不計，
　　則下列有關此單擺的敘述，哪些正確？

　　（重力加速度為 g）

(A) 擺錘的切線速度隨 θ 增加而減小

(B) 擺錘的向心加速度隨 θ 增加而增大

(C) 擺錘在最低點時，擺繩的張力最小

(D) 擺錘在最高點時，擺繩的張力為 $mg\cos\theta_0$

(E) 此單擺作簡諧運動，與 θ_0 是否小角度無關

13. 一棒球飛向二壘的正上方，球與二壘的水平距離為 6.0 m 時，教
　　練開始計時，此時球的高度為 1.8 m，速度為 20 m/s 水平向前。
　　若忽略阻力，則下列有關此球運動的敘述哪些正確？（此題假設
　　重力加速度為 10 m/s^2）

(A) 0.3 s 時球飛至二壘正上方

(B) 飛至二壘正上方時，水平速度分量大於 20 m/s

(C) 0.3 s 時球的高度為 1.35 m

(D) 球落地點與二壘間的水平距離為 6.0 m

(E) 若球與地面作彈性碰撞，則反彈後的最高點與二壘間的水平
距離為 12 m

14. 在光滑平面上的 A、B 兩圓盤，半徑均為 R，質量分別為 m 及 $3m$，
A 盤以角速度 ω 沿逆時針方向轉動，B 盤以角速度 3ω 沿順時針方
向轉動，A、B 兩盤心的連線方向為由西向東，且兩盤的邊緣均極
光滑。今 A 盤以初速 v_0 由西向東碰撞盤心靜止的 B 盤，碰撞後 A
以 $\frac{1}{2}v_0$ 的速度向西運動，則下列敘述哪些正確？

(A) 兩盤碰撞前 B 盤最南之端點
（圖中之 b 點）的速度為
$3\omega R$，方向向西

(B) 碰撞後，B 盤之盤心速度的量
值為 v_0

(C) 碰撞後，B 盤最南方之端點的
速度為 $3\omega R$，方向向西

(D) 碰撞後，B 盤之盤心相對於 A 盤之盤心的速度量值為 v_0

(E) 此兩盤碰撞前後的線動量不守恆

15. 用量熱器測量固體的比熱時，量熱器中所裝的冷水不宜太少，應
以能完全淹沒待測固體為原則，但卻不要加入太多的水量，下列
有關水不宜加太多或太少的敘述，哪些是正確的？

(A) 水量不宜太少，可減少固體透過輻射的過程散失熱量

(B) 水量不宜太多，可促使固體和水透過水的熱傳導過程，迅速
達熱平衡

(C) 水量不宜太多，可使固體與水較快達熱平衡，以減少熱量的
散失

(D) 水量不宜太多，以免水溫變化太小

(E) 水量不宜太少，可方便測量水的質量

16. 假設空間某一範圍內有一 x 軸方向的電場，電場 E 與所在位置的 x 座標有關，$E(x) = -\alpha x$ 其中 $\alpha = 100\,V/m^2$，x 的單位為 m。有一質點質量為 $3 \times 10^{-4}\,kg$、帶電 $2 \times 10^{-6}\,C$，在 $x = 4\,m$ 處由靜止被釋放。若不考慮重力，則在此質點所能及的範圍內，下列敘述哪些正確？

(A) 質點在 $x = 0\,m$ 處的速度為零

(B) 質點做簡諧運動，振幅為 4 m

(C) 質點在 $x = 1\,m$ 處受力大小為 2×10^{-4} 牛頓

(D) 質點在 $x = 4\,m$ 處的動能最大

(E) 質點在 $x = 4\,m$ 處的位能最大

17. 下列有關半導體的敘述，哪些正確？

(A) 不含雜質的純半導體材料，其電子、電洞的密度相同

(B) 純的半導體材料溫度越高時，電子、電洞的密度越大

(C) 矽半導體加入 5 價雜質，會形成 P 型半導體

(D) 二極體的 P、N 接觸面形成一空乏區，空乏區的 P 型部分帶正電

(E) PNP 三極體的基極為 N 型半導體

18. 如圖所示的俯視示意圖，兩交角為直角的平面鏡，與 x、y 軸夾成一個矩形。假設上半面（$y > 0$）全在一塊折射率為 1.5 的玻璃磚裡，下半面在折射率為 1.2 的液體裡。今有一光線以 $\theta = 30^\circ$ 之入射角由 A 點射入，經 B、C 兩點分別以反射角 α、β 反射後，由 D 點以折射角 γ 折回下半面。下列哪些是正確的？

(A)　$\sin\alpha = 0.4$

(B)　$\alpha = \beta$

(C)　$\sin\beta = 0.6$

(D)　$\sin\gamma = 0.5$

(E)　$\theta + \gamma = 90^\circ$

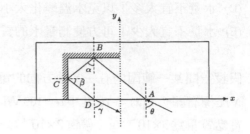

19. 質量 2.0 kg，長、寬、高爲 5.0 cm×5.0 cm×4.0 cm 的均勻木塊，置放在水平桌面上。在距桌面高 3 cm 處，施一水平力 F 向右，已知 $F = 5.0$ N 時方能拉動靜止的木塊，木塊拉動後，$F = 2.0$ N 即可使之做等速滑動，則下列敘述哪些正確？

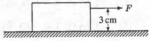

(A) 木塊與桌面間之靜摩擦係數爲 0.20

(B) 木塊做等速度滑動時，作用於木塊的合力矩爲零

(C) 木塊做等速度滑動時，桌面施於木塊之正向力，對通過木塊質心（轉軸垂直於紙面）所施的力矩大小爲 0.06 N·m

(D) 木塊被拉動後，若 $F = 5.0$ N，則木塊的加速度爲 2.5 m/s^2

(E) 當木塊以 $v = 1.0$ m/s 的等速率運動時，若改施以 $F = 4.0$ N 的力，則在 2 秒鐘後，木塊速率變爲 3.0 m/s

20. 空間中有 $-z$ 方向的均勻磁場 B；在 $0 \le z \le \ell$ 的區域另有 $-z$ 方向的均勻電場 E。質量爲 m，電量絕對值爲 q 的電荷，在 $z < 0$ 的區域，一方面向 $+z$ 方向等速行進，一方面繞 z 軸做半徑爲 r 的圓周運動（運動方向在 $z = 0$ 平面的投影如圖所示）。若電荷通過 $z = \ell$ 的平面後，運動速度的 z 分量爲 v_z。若地球引力的影響可以不計，則下列有關該電荷的敘述哪些正確？

(A) 電荷爲正　　　　(B) 垂直於 z 軸的速度分量大小爲 $\dfrac{qBr}{m}$

(C) 在 $z > \ell$ 區域時，總動能為 $\dfrac{1}{2}mv_z^2$

(D) 在 $0 \le z \le \ell$ 的區域，磁力做功為 $qv_zB\ell$

(E) 在 $z < 0$ 區域時，總動能為 $\dfrac{(qBr)^2}{2m} + \dfrac{1}{2}mv_z^2 - qE\ell$

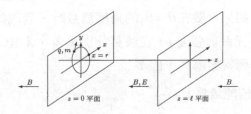

21. 某生對某種氣體，在室溫做驗證波以耳定律的實驗，他測得數據如下表，並根據此數據畫出壓力 P 對體積倒數 $1/V$ 的關係圖。

壓力 P (atm)	0.10	0.30	0.50	0.70	1.00	1.50	2.00
體積 V (cm³)	150.2	50.1	30.0	21.5	15.0	7.0	3.0

根據上面的資訊，下列敘述哪些正確？

(A) 表列結果證明此氣體在整個實驗數據範圍內，均遵守波以耳定律

(B) P 對 $1/V$ 的關係圖比 P 對 V 的關係圖更容易明確驗證波以耳定律的數學關係

(C) 根據此數據可推測，當壓力 $P = 0.2$ atm 時，氣體體積約為 100.0 cm³

(D) 某生測量氣體容積的刻度，最小刻度可能為 1 cm³

(E) 如果氣體容器持續發生明顯的漏氣現象，某生也能驗證在低氣體壓力下，此氣體遵守波以耳定律

22. 一波長為 λ 的 X 光與靜止的電子發生碰撞。碰撞後波長為 λ' 的散射光與動量為 p 的電子，運動方向如圖 1 所示。已知散射光波長與入射光波長的差為 $\Delta\lambda = \dfrac{h}{m_0 c}(1-\cos\theta)$，其中 θ 、ϕ 分別為散射後光與電子的動量和 x 軸的夾角，m_0 為電子的靜止質量，h 為卜朗克常數。如果實驗在 $\theta = \theta_0$ 的角度測量時，發現如圖 2 所示，可以量到 X 光散射強度 I，在波長分別為 λ_1、λ_2 處，出現兩個高峰值，則下列答案哪些正確？

(A) 入射光的能量為 $E = \dfrac{hc}{\lambda}$

(B) 散射光的動量 $p' = h\lambda'$

(C) $\lambda_1 = \lambda + \dfrac{h}{m_0 c}(1-\cos\theta_0)$

(D) $\lambda_2 = \lambda$

(E) 本實驗在近代物理史上主要的貢獻是證明光的粒子特性

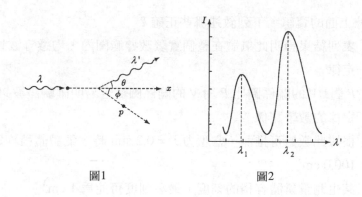

圖1　　　　　　　　　　圖2

九十二年度指定科目考試物理科試題詳解

壹、單一選擇題　甲

1. D

【解析】　$N=mg=20[N]$

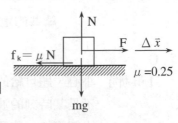

$\therefore f_k= \mu N=5[N]$

$\therefore \sum \vec{F} =F-f_k=6-5=1[N]$

利用功能定理，$W=\Delta E_k$

$\therefore$動能增加$=W= \sum \vec{F} \cdot \Delta \bar{x} = 1\times5=5[J]$

2. B

【解析】　$\because$此燒杯及其內液體為浮體$\Rightarrow$物重＝浮力＝排開水重

又少了 $100cm^3$ 的液體，浮力減少 $3.4\times25\times1＝85gw$

$\Rightarrow 100cm^3$ 的液體重即 $85gw$

$\therefore$液體密度$= \dfrac{M}{V} = \dfrac{85}{100} = 0.85[g/cm^3]$

3. D

【解析】　最小速率（即遠日點速率）為 v

最大速率（即近日點速率）為 $\dfrac{Rv}{r}$（由克卜勒第二定律）

$\Rightarrow E_{k近} - E_{k遠} = \dfrac{1}{2}m \cdot \dfrac{R^2v^2}{r^2} - \dfrac{1}{2}mv^2 = \dfrac{1}{2} \cdot mv^2 \cdot (\dfrac{R^2 - r^2}{r^2})$

$= \dfrac{mv^2(R^2 - r^2)}{2r^2}$

4. **D**

　　【解析】　電能轉換為飲料高之重力位能 ⇒

　　　　　　電功率 P = IV　　時間有幾秒　　每一瓶抬高所需能量

　　　　　　⇒ $\overbrace{50 \times 2 \times 49 \times 60}$ = N × $\overbrace{1 \times 9.8 \times 4}$ ⇒ N = 7500 (瓶)

　　　　　　　　　總共的電能　可抬高之瓶數

5. **C**

　　【解析】　小心，題目給的是「位移、時間」之 y－t 圖，

　　　　　　不是某時刻的波形圖(y－x 圖)

　　　　　　由圖可知，該質點在 2×10^{-3}[s]內完成一次振動

　　　　　　故週期 $T = 2 \times 10^{-3}$S ⇒ 頻率 $f = \dfrac{1}{T} = 5 \times 10^{2}$Hz

　　　　　　故 (A) 對 ⇒

　　　　　　(B) 波長 $\lambda = \dfrac{v}{f} = \dfrac{340}{500} = 0.68$[m]

　　　　　　(C) 駐波之兩波腹間距為 $\dfrac{\lambda}{2} = 0.43$[m]

　　　　　　(D) 「兩端開口」，管長 $= \dfrac{n}{2}\lambda$，∴最短管長即

　　　　　　　　$\dfrac{\lambda}{2} = 0.43$ [m]

　　　　　　(E) 兩端開口端為波腹

6. **B**

　　【解析】　由單獨縫繞射之波程差公式

　　　　　　$P_A - P_B = b\sin\theta_n \cong b\dfrac{y_n}{r} = \begin{cases} n\lambda \cdots\cdots\cdots\cdots\cdots 暗 \\ (n+\dfrac{1}{2})\lambda \cdots\cdots 亮 \end{cases}$

　　　　　　⇒第一暗⇒$P_A - P_B = 1\lambda$

7. **E**

【解析】 由法拉第定律 $\varepsilon = \dfrac{-d\phi(t)}{dt}$ 又磁通量對時間之函數為

$\phi(t) = BA = \beta\, t\, \pi\, r^2$

$\varepsilon = \dfrac{-d\phi(t)}{dt} = -\beta\, \pi\, r^2$（$\varepsilon$ 之大小，不計正負號）

8. **A**

【解析】 (A) A 為完全相長性干涉，且距揚聲器最近，故聲音最強

　　　　(B) C 點相較於 A 而言，距揚聲器較遠故聲音較弱

　　　　(C) D 最弱

　　　　(E) B 為完全相長性干涉，E 為完全相消性干涉，故 B 聲音較強

9. **E**

【解析】 (1) 若以無限遠為電位零點，因 P 在兩電荷中垂線上 $V_p = 0$，

$$V_s = \frac{kq}{3a} + \frac{k(-q)}{a} = \frac{-2kq}{3a}$$

(2) $V_p - V_s = 0 - \dfrac{-2kq}{3a} = \dfrac{3kq}{3a} \Rightarrow V_p = V_s + \dfrac{2kq}{3a}$

(3) 由題意 $V_s = 0$　　　$V_p = \dfrac{2kq}{3a}$

10. **A**

【解析】 由光電效應 $\Rightarrow$ 可知光電子剛由板上逸出時之最大動能

為 $\dfrac{hc}{\lambda} - W$

而後經過一減速電壓，電力對其作 $-eV$ 之功

故當其通過小孔時 $\dfrac{hc}{\lambda} - W - eV$ 即為其最大動能

貳、多重選擇題

11. **BCE**

【解析】 由必歐沙伐定律 $B = \dfrac{\mu_0 I}{4\pi} \dfrac{\Delta L}{r^2} = \sin\theta$

(A) A 之磁場爲零，因爲由小導線指向 A 之位置向量 $\vec{r}$ 與電流同向
$\Rightarrow \theta = 0 \Rightarrow \sin\theta = 0 \Rightarrow B_A = 0$ 故 (A) 錯

(B) B 點，E 點與小導線之距離相同，即 $r = 5$，但其 θ 不同，而 B 之方向向量與電流垂直，爲最大値，故 $B_A > B_E$，故(B)對

(C) 同 (A)，C 點之 $\theta = 180° \Rightarrow \sin\theta = 0 \Rightarrow B_C = 0$，故 (C) 對

(D) 不爲零，$\because$ 其 $= 90°$，且 ΔL，I 均不爲零，故 (D) 錯

(E) E，F 在同一方向上，但 r_F 爲 r_E 之二倍，由定律知 $B \propto \dfrac{1}{r^2}$ $\Rightarrow B_E = 4B_F$，故 (E) 對

12. **AD**

【解析】 (A) 由力學能守恆得：θ 增加擺得越高，位能越大，速度越小，故 (A) 對

(B) $a_C = \dfrac{v^2}{R} \Rightarrow \theta$ 越大，v 越小，則 a_N 愈小，故 (B) 錯

(C) 最低點時，擺繩承受 $\begin{cases} \text{最大之重力分量（整個 mg）} \\ \text{最大之向心力（} \because a_C \text{ 最大 ）} \end{cases}$
$\Rightarrow$ 張力爲最大値，故 (C) 錯

(D) 法線方向力平衡
張力 $T = mg\cos\theta_0$，故 (D) 對

(E) 唯有小角度（$\theta_0 \leq 5°$）之擺動，方可被視爲簡諧運動，故 (E) 錯

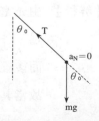

13. **ACD**

【解析】 此題考的是水平拋射，$v_0 = 20m/s$，距地 $h = 1.8m$

(A) 水平爲等速度運動，$t = \dfrac{S}{v_0} = \dfrac{6}{20} = 0.3[s]$

(B) 水平速度不變，皆爲 $20[m/s]$

(C) 鉛直爲自由落體，故 0.3 秒時落下 $\dfrac{1}{2}gt^2 = 0.45[m]$

∴距地高爲：$1.8 - 0.45 = 1.35[m]$

(D) 球由計時至落地需時 $T = \sqrt{\dfrac{2h}{g}} = \sqrt{\dfrac{2 \times 1.8}{10}} = 0.6$ 秒

∴距二壘間之水平距 $= (20 \times 0.6) - (20 \times 0.3) = 6[m]$

(E) 應爲 18m，作圖如下

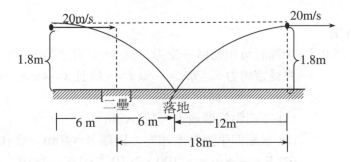

14. **AD**

【解析】 (A) 碰撞前 B 之質心速度 $v_c = 0 \Rightarrow$ 盤緣速度 $= \omega r$

$= 3\omega R$，故 (A) 對

(B) 由動量守恆定律

$\Rightarrow mv_0 = m(-\dfrac{1}{2}v_0) + 3mv_B \Rightarrow v_B = \dfrac{1}{2}v_0$，故 (B) 錯

(C) 碰撞後 B 之盤心 $v_B \neq 0$

盤緣之速度 $= -\omega r + v_B = -3\omega R + \dfrac{1}{2}v_0 \neq 3\omega R$，

故 (C) 錯

(D) $\vec{V}_{BA} = \vec{V}_B - \vec{V}_A = \frac{1}{2}v_0 - (-\frac{1}{2}v_0) = v_0$，故 (D) 對

(E) 在光滑平面上，A、B 不受水平方向之外力作用
⇒必爲動量守恆，故 (E) 對

15. **ACD**

　　【解析】(A) 水若太少，而不能淹沒待測固體，固體會透過熱輻
射散失熱量，故 (A) 對

(B) 固體、水及量熱器之熱平衡有傳導，也可用攪拌器
利用對流，故 (B) 錯

(C) 水量不宜太多，熱平衡才能迅速達到，故 (C) 對

(D) 水量不宜太多，水溫變化較大，測量誤差較小

(E) 由 (A) 知 (E) 錯

16. **BCE**

　　【解析】由題意可知此爲一受力指向 x＝0 處之簡諧運動，此質
點受電場力 $\vec{F} = q\vec{E} = -q\alpha\vec{x} = -k\vec{x}$ 且 x＝4m，－4m 爲
端點，x＝0 爲平衡點

(A) 平衡點速度最大，故 (A) 錯

(B) 振幅即平衡點至端點之距離 R＝4(m)，故 (B) 對

(C) F＝－αqx＝－100・$2×10^{-6}$・1＝$-2×10^{-4}$ (N)，
故 (C) 對

(D) SHM 端點處動能爲零，故 (D) 錯

(E) SHM 端點處位能最大，故 (E) 對

17. **ABE**

　　【解析】(A) 純質半導體爲電中性，電洞、自由電子之濃度相同。

(B) 溫度高，愈多的電子有能力（能量）到達傳導帶而
成爲自由電子。即本質濃度增加。

(C) 加入五價之摻雜後、會成爲 N 型半導體。

(D) 空乏區之 P 型部份帶負電，N 型部份帶正電。

(E) 正確，另外二個 P 型分別為集極與射極。

18. **AD**

【解析】(A) 依司乃耳定律

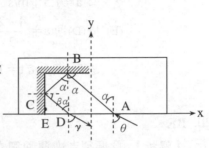

$$1.2\sin30° = 1.5\sin\alpha$$

$$\Rightarrow 1.2 \times \frac{1}{2} = 1.5\sin\alpha$$

$$\Rightarrow \sin\alpha = 0.4$$

(B) 由圖 $\triangle CDE$ 為直角 $\triangle$，$\therefore \alpha + \beta = 90°$

且 $\alpha \neq 45°$，故 $\alpha \neq \beta$

(C) $\sin\beta = \cos\alpha = \sqrt{1 - \sin^2\alpha} = \sqrt{1 - 0.4^2} = \sqrt{0.84} \neq 0.6$

(D) 因兩平面鏡夾角 90°，故入射與出射線夾角為

$2 \times 90° = 180°$，即反射平行，故 $\overline{AB} /\!/ \overline{CD}$

入射線//出射線 $\Rightarrow \theta = r = 30° \Rightarrow \sin r = 0.5$

19. **BCE**

【解析】(A) F＝5〔N〕時木塊恰滑動

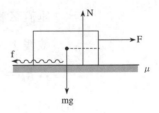

$$\therefore f_{S_{Max}} = 5 〔N〕 = \mu N$$

$$\therefore \mu = \frac{5}{N} = \frac{5}{2 \times 10} = 0.25$$

(B)(C) 等速滑動時，

F＝2〔N〕，$\therefore f_k = 2$〔N〕

以木塊質心為支點，力矩平衡，注意 N 不可能通過

質心，否則力矩不平衡，設 N 對質心之力矩＝τ_N

(逆時鐘)

$$\Rightarrow f_k \cdot (0.02) + F(0.01) = \tau_N = 2 \cdot (0.02) + 2 \cdot (0.01)$$

$$\therefore \tau_N = 0.06 〔N \cdot m〕$$

(D) 拉動時 $f_k = 2$〔N〕

　　$\therefore \sum \vec{F} = 5 - 2 = ma = 2a$

　　$\Rightarrow a = 1.5$〔m/s^2〕

(E) 同(D)理 $a = \dfrac{4-2}{2} = 1$〔m/s^2〕

　　故 $\vec{v} = \vec{v}_0 + \vec{a} t = 1 + 1 \times 2 = 3$〔m/s〕

20. **BE**

【解析】　此題須考慮運動獨立性，垂直 Z 軸之速度僅受 $\vec{B}$ 影響，做圓周運動，平行 Z 軸速度僅受 $\vec{E}$ 影響，做等加速度運動

(A) $q\vec{v} \times \vec{B}$ 做為向心力，指向圓心，由圖可看出 $\vec{v} \times \vec{B}$ 指離圓心，故 q 必為負，故 (A) 錯

(B) $qvB = m \cdot \dfrac{v^2}{r}$，故 $v = \dfrac{qBr}{m}$，故 (B) 對

(C) 注意質點的速度有二個分量，平行 Z 軸之速率為 v_z，垂直 Z 軸之速率為 $\dfrac{qBr}{m}$（磁力不做功，此速率不改變）

　　$\therefore E_k = \dfrac{1}{2} m \left[v_z^2 + (\dfrac{qBr}{m})^2 \right]$，故 (C) 錯

(D) 磁力 $q\vec{v} \times \vec{B}$ 不做功，故 (D) 錯

(E) 由力學能守恆，在 Z＜0 之動能 E_k'

　　$E_k' + qE\ell = E_k + 0$

　　$\therefore E_k' = E_k - qE\ell = \dfrac{(qBr)^2}{2m} + \dfrac{1}{2} mv_z^2 - qE\ell$，故 (E) 對

21. **BD**

　【解析】 (A) 依波以耳定律，定量氣體，定溫下 PV＝const

　　　　　　　由表可知最後兩個結果不符合 $P_1V_1 = P_2V_2 = \cdots$

　　　　　　　之波以耳定律

　　　　　(B) 若遵守波以耳定律 P 對 $\dfrac{1}{V}$ 圖成斜直線，比 P 對 V

　　　　　　　成雙曲線容易觀測

　　　　　(C) $0.10 \times 150.2 \cong 0.2V \Rightarrow V \cong 75.1\,cm^3$

　　　　　(E) 波以耳定律必須在定量氣體下方成立，故發生漏氣

　　　　　　　現象，無法證明此定律

22. **AE**

　【解析】 圖 2 中，λ_1 爲入射光波長，λ_2 爲散射光波長

　　　　　$\therefore \lambda_1 = \lambda$ ，$\lambda_2 = \lambda'$

　　　　　又 $\Delta\lambda = \lambda' - \lambda = \dfrac{h}{m_0 c}(1 - \cos\theta_0)$

　　　　　(A) 入射光能量 $E = h\nu = \dfrac{hc}{\lambda} = \dfrac{hc}{\lambda_1}$

　　　　　(B) 散射光動量 $P' = \dfrac{h}{\lambda'} = \dfrac{h}{\lambda_2}$

　　　　　(C) $\lambda_1 = \lambda$

　　　　　(D) $\lambda_2 = \lambda' = \lambda + \dfrac{h}{m_0 c}(1 - \cos\theta_0)$

　　　　　(E) 正確，此處光具有動量，驗證其粒子性。

九十二學年度指定科目考試（物理）
大考中心公佈答案

題 號	答 案	題 號	答 案
1	D	16	BCE
2	B	17	ABE
3	D	18	AD
4	D	19	BCE
5	C	20	BE
6	B	21	BD
7	E	22	AE
8	A		
9	E		
10	A		
11	BCE		
12	AD		
13	ACD		
14	AD		
15	ACD		

九十二學年度指定科目考試
各科成績標準一覽表

科　　目	高　標	均　標	低　標
國　　文	63	50	38
英　　文	60	39	18
數學甲	60	43	25
數學乙	52	34	17
化　　學	48	32	16
物　　理	50	31	12
生　　物	63	46	29
歷　　史	51	36	22
地　　理	73	57	41

※ 以上三項標準係依各該科全體到考考生成績計算，且均取整數〔小數只捨不入〕，各標準計算方式如下：

高標：該科前百分之五十考生成績之平均。

均標：該科全體考生成績之平均。

低標：該科後百分之五十考生成績之平均。

心得筆記欄

九十一年大學入學指定科目考試試題
物理考科

物理常數

計算時如需要，可利用下列數值：

光速 $c = 3 \times 10^8$ m/s

卜朗克常數 $h = 6.63 \times 10^{-34}$ J·s

電子電荷 $e = 1.60 \times 10^{-19}$ C

電子質量 $m = 9.11 \times 10^{-31}$ kg

電子伏特與焦耳的換算為 $1eV = 1.602 \times 10^{-19}$ J

壹、單一選擇題 甲（每題 4 分，共 40 分）

說明：第 1 題至第 10 題，每題選出一個最適當的選項，標示在答案卡之「選擇題答案區」。每題答對得 4 分，答錯倒扣 1 分，未答者不給分亦不扣分。

1. 甲、乙兩粒質量相同的小石子，自同一高度以水平方向的初速拋出，落在平坦的地面上。已知甲的初速為乙的 2 倍。若不計空氣阻力，則下列敘述何者錯誤？
   (A) 甲的射程較大
   (B) 落地時，甲的動能較大
   (C) 落地時，兩者的加速度相等
   (D) 兩者在空中的飛行時間相等
   (E) 落地時，甲的速度的鉛直分量較大

2. 絕熱良好的密閉容器內封存有定量的理想氣體。已知裝在容器內的一條電熱線若通以 2A 的電流 30 分鐘，則氣體的平衡溫度由 20 °C 變為 22 °C。若通以 4A 的電流 60 分鐘，則氣體的平衡溫度將由 20 °C 變為何值？

(A) 28 °C   (B) 30 °C   (C) 32 °C

(D) 34 °C   (E) 36 °C

3. 當我們使用正確的頻率來回撥動浴缸裡的水，可以產生駐波，而使靠浴缸壁兩邊的水交替起伏（即一邊高時，另一邊低）。若水的波速為 1.0 m/s，浴缸寬 75 cm，則下列何者為正確的頻率？

(A) 0.67 Hz   (B) 1.48 Hz   (C) 2.65 Hz

(D) 3.78 Hz   (E) 4.23 Hz

4. 已知當一圓周的四分之一均勻帶有電荷 q 時，圓心的電場量值為 0.50 V/m。若此圓周的一半均勻帶有電荷 $2q$，另一半均勻帶有電荷 $-2q$，則圓心的電場量值為若干 V/m？

(A) 1.4   (B) 1.6   (C) 1.8

(D) 2.0   (E) 2.2

5. 二極體 D、小燈泡 L 和電動勢為 1.5V 的電池（內電阻可以不計）組成如圖 1 所示的電路。此二極體的電流-電壓特性關係如附表所示。已知通過小燈泡的電流為 2.0 mA，則此燈泡的耗電功率約為何？

(A) 0.8 mW

(B) 1.6 mW

(C) 2.2 mW

(D) 2.5 mW

(E) 3.0 mW

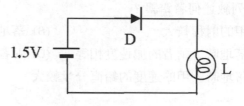

圖 1

電壓 (V)	0	0.10	0.20	0.30	0.40	0.50
電流	0	0.02 μA	0.90 μA	41 μA	2.0 mA	96 mA

6. 小明想利用自由落體運動公式 $v = gt$，測量一靜止物體由同一高度下墜抵地時的速率 v。他先由實地測量，得到重力加速度 g 為 9.8 m/s^2，接著對物體下墜抵地所需之時間 t，作了 8 次測量，得到下表之結果：

測量次序 n	1	2	3	4	5	6	7	8
抵地時間 t (s)	1.28	1.27	1.28	1.28	1.28	1.27	1.28	1.27

下列以有效數字表示之抵地時間 t 的平均值與抵地速率 v，何者最能適當地表示此實驗測量之結果？

選項	(A)	(B)	(C)	(D)	(E)
t 的平均值 (s)	1.27625	1.276	1.28	1.28	1.28
速率 v (m/s)	12.50725	12.5	12.50	12.51	13

7. 在一水平面上有一線軸，其重量為 W、內軸半徑為 r、外軸半徑為 R，線軸與水平面的動摩擦係數為 μ_k，如圖 2 所示。將一細繩的一端纏繞於線軸，另一端以力 F 斜向上拉，施力方向與水平面的夾角為 θ，如圖 3 所示。則當滿足下列哪一條件時，此線軸會在水平面上等速移動而不會轉動？

(A) $F\sin\theta = \mu_k W$

(B) $W\cos\theta = F$

(C) $Fr = \mu_k WR$

(D) $\sin\theta = r/R$

(E) $\cos\theta = r/R$

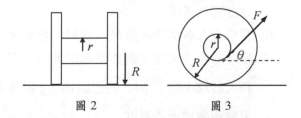

圖 2　　　　　圖 3

8. 如圖 4 所示，一個水平放置的絕熱容器，體積固定為 V，以導熱性良好的活動隔板分成左、右兩室，內裝相同的理想氣體，容器與隔板的熱容量均可忽略。最初限制隔板不動，使兩室的氣體溫度均為 T，但左室的氣體壓力與體積分別為右室的 2 倍與 3 倍。後來拆除限制，使隔板可以左右自由移動，則在兩室的氣體達成力平衡與熱平衡後，下列敘述，何者正確？

(A) 左室的氣體體積為 $6V/7$

(B) 兩室的氣體溫度均較 T 為高

(C) 左室的氣體體積為右室的 2 倍

(D) 左室與右室氣體的壓力比為 3/2

(E) 右室的氣體分子數目為左室的 6 倍

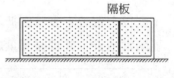

隔板

圖 4

9. 下列有關 " 二維空間的碰撞 " 實驗的敘述，何者錯誤？

(A) 入射球與靶球碰撞時，兩球的球心必須在同一水平面上

(B) 弧形尺（或稱為發射架或滑軌）必須要光滑才能達到本實驗的目的

(C) 若入射球撞及靶球時的速度不在水平面上，則兩球在空中的飛行時間可能不一樣

(D) 當入射球以水平方向的初速撞及靶球，若知道兩球在空中的飛行時間及入射球與靶球的落地位置，則碰撞後瞬間兩球的速度可以求得

(E) 當只有入射球從弧形尺（或稱為發射架或滑軌）上方下滑落地，若軌道末端未調整至水平方向，則球在空中的飛行時間將大於或小於 $\sqrt{2h/g}$ 的理論值，g 為重力加速度，h 為軌道末端距離地面的高度

10. 將電子從金屬鋁表面移出需要 4.2eV 的能量。若以波長為 200 nm
　　的光照射鋁的表面，則釋出的光電子其最大動能為何？

　　(A) 9.9×10^{-19} J　　　　　(B) 6.4×10^{-19} J

　　(C) 4.3×10^{-19} J　　　　　(D) 3.2×10^{-19} J

　　(E) 0

貳、單一選擇題 乙（每題 5 分，共 40 分）

說明：第 11 題至第 18 題，每題選出一個最適當的選項，標示在答案
　　　卡之「選擇題答案區」。每題答對得 5 分，答錯倒扣 5/4 分，
　　　未答者不給分亦不扣分。

11. 一水平輸送帶恆以等速度 v 沿 $+x$ 方向移動，在時刻 $t=0$ 時，將一
　　質量為 m 的箱子以水平速度 $u=0$ 置於輸送帶上，如圖 5 所示。若
　　箱子與輸送帶之間的靜摩擦係數為 μ_s，動摩擦係數為 μ_k，重力加
　　速度為 g，則下列有關此箱子的敘述，何者正確？

　　(A) 摩擦力對箱子所做的總功為 $-0.5mv^2$

　　(B) 當 $t = v/(\mu_k g)$ 時，箱子的速度會等於輸送帶的速度

　　(C) 在時刻 $t=0$ 時，箱子所受的淨力為 $\mu_s mg$，向 $+x$ 方向

　　(D) 在時刻 $t=0$ 時，箱子所受的淨力為 $\mu_k mg$，向 $-x$ 方向

　　(E) 當箱子的速度等於 v 時，箱子所受的摩擦力為 $\mu_s mg$，
　　　　向 $+x$ 方向

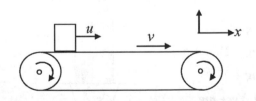

圖 5

12. 如圖 6 所示，在無摩擦之水平地面上，有一彈簧–物體系統，彈簧之力常數為 k，物體 m 離開平衡位置之位移以 x 表示。若物體受到如圖 7 所示之水平施力 F 與彈簧力 $-kx$ 作用，由平衡位置移動至 $x = 1.00$ m 處，則下列關於此運動過程之敘述，何者正確？

(A) 施力 F 與彈簧力之合力對物體所作之功為零

(B) 彈簧力對物體所作之功為正，等於 0.250 J

(C) 彈簧–物體系統的位能減少 0.250 J

(D) 物體的動能增加 0.250 J

(E) 物體的速率愈來愈慢

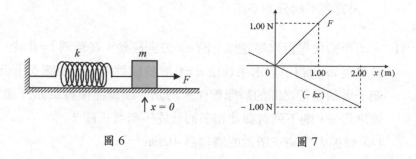

圖 6　　　　　　　　　　圖 7

13. 有一容器若加滿水置於磅秤上，磅秤上的讀數為 W，如圖 8 所示。現將一密度小於水的物體以一細繩繫於此容器的底部，並加滿水置於磅秤上，如圖 9 所示。若水的密度為 ρ_0，物體的體積為 V、質量為 m，繩上的張力為 T，重力加速度為 g，則磅秤上的讀數為下列何者？

(A) $W + mg$

(B) $W + mg - T$

(C) $W + mg + T$

(D) $W + \rho_0 Vg + mg$

(E) $W - \rho_0 Vg + mg$

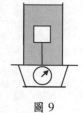

圖 8　　　　　圖 9

14. 在圖 10 的電路中，甲、乙和丙為三個相同的小燈泡。已知小燈泡
的電流與電壓的關係如圖 11 所示，則下列有關電路上的燈泡的敘
述，何者正確？

(A) 甲燈泡的電阻為 12Ω

(B) 乙燈泡的電阻為 5.8Ω

(C) 甲燈泡所消耗的電功率為 0.86W

(D) 乙燈泡所消耗的電功率為 0.43W

(E) 流過甲燈泡的電流為乙燈泡的 2 倍

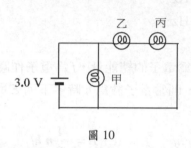

圖 10

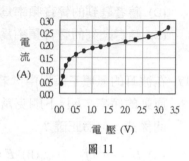

圖 11

15. 如圖 12 所示，一邊長為 h 的正方形線圈 A，
其電流 I 固定不變，以兩條長度恆為 h 的細
繩，靜止懸吊於水平長直導線 CD 的正下
方。最初通過導線 CD 的直流電流為零，兩
細繩的張力為 T。當通過 CD 的電流為 i 時，
兩細繩的張力降為 aT（$0 < a < 1$），而當 CD
上的電流為 i' 時，細繩的張力正好成為零。
若 C 與 D 兩點的電壓分別為 V_C 與 V_D，則
下列選項，何者正確？

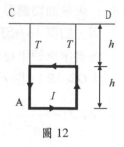

圖 12

選項	(A)	(B)	(C)	(D)	(E)
電流比 i/i'	$1+a$	$1/(1+a)$	$1/a$	$1-a$	a^2
電壓差 V_C-V_D	正	負	正	負	正

16. 一聲源發出頻率為 60Hz 的聲波，此聲源沿 x 軸正方向以 40 m/s 做等速度運動，在時刻 $t = 0.0$ 秒與 $t = 7.0$ 秒發出的聲波，經靜止空氣傳播，分別於時刻 $t = 3.0$ 秒與 $t = 9.0$ 秒時，到達沿 x 軸以等速度 v 運動的聽者。若空氣中的聲速為 340 m/s，則下列敘述，何者正確？（速度 v 之正、負，分別代表聽者沿 x 軸正、負方向運動）

(A) 聽者的速度 v 為 15 m/s

(B) 聽者的速度 v 為 -20 m/s

(C) 聽者聽到的聲音頻率為 70 Hz

(D) 聽者聽到的聲音頻率為 75 Hz

(E) 聽者聽到的聲音頻率為 80 Hz

17. 在波耳的氫原子模型中，若 E 為電子的總能量，f 為電子作圓軌道運動的頻率，h 為卜朗克常數，則當量子數為 n 時，下列 E 與 f 的關係式，何者正確？

(A) $E = -n^2 hf$ (B) $E = -n\, hf$ (C) $E = -\dfrac{1}{2}n\, hf$

(D) $E = n\, hf$ (E) $E = n^2 hf$

18. 一束截面為圓形（半徑 R）的平行單色光正面射向一玻璃半球的平面，如圖 13 所示，經折射後在屏幕 S 上形成半徑為 r 的亮區。若玻璃半球的半徑為 R、折射率為 n，屏幕 S 至球心 O 的距離為 D（$D > 3R$），則 r 為何值？

(A) $D - \dfrac{nR}{\sqrt{n^2 - 1}}$ (B) $D - \dfrac{R}{\sqrt{n^2 - 1}}$

(C) $D - \sqrt{n^2 - 1}\,R$ (D) $\sqrt{n^2 - 1}\,D - nR$

(E) $\sqrt{n^2 - 1}\,D - \dfrac{R}{n}$

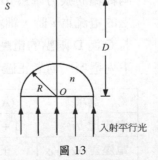

圖 13

參、計算題（每題 5 分，共 20 分）

說明：本大題共有 4 題，每題 5 分。請將全部答案寫在「答案卷」的
　　　「作答區」上。作答時不必抄題，但須在「題號欄」標出題號。
　　　務必寫出計算過程或理由，否則將酌予扣分。

1. 甲、乙兩人分別坐在小船的船頭與船尾。開始時，小船停在靜止的
   水中。甲以水平方向的速度 $\vec{v}_0$ 將質量爲 m_0 的球擲向乙，同一時間
   乙以水平方向的速度 $-2\vec{v}_0$ 將一質量相同的球擲向甲。已知甲、乙兩
   人的質量均爲 m，船的質量爲 M。假設水對船的阻力可以不計，且
   在空中時，球速的改變可以忽略不計。
   (a) 求兩球仍在空中時船的速度 $\vec{V}_1$。（2 分）
   (b) 若乙接到甲擲來的球，但乙擲出的球未被甲碰觸到，直接落入
       甲後方的水中，求最後船的速度 $\vec{V}_2$。（3 分）

2. 有一質量爲 m 之小珠，串於 Y 形桿上，如圖 14 所示。該 Y 形桿繞
   船直軸旋轉，使小珠維持於一固定長度 h 處。若小珠與 Y 形桿間無
   摩擦，則 Y 形桿旋轉的角速率 ω 爲何？（5 分）

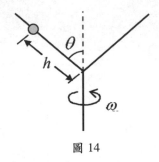

圖 14

3. 一金屬細桿架在寬度為 ℓ，ㄷ字形的導電軌道上，如圖 15 所示。量
   值為 B 的均勻磁場垂直於軌道面。金屬細桿的電阻為 R，導電軌道
   的電阻可忽略不計。細桿由靜止開始，向右方以等加速度 a 沿軌道
   滑行，當位移為 d 時，細桿上的電流量值為何？（感應電流所產生
   的磁場可以不計）（5 分）

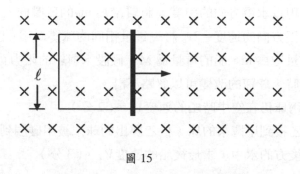

圖 15

4. 在一個雙狹縫干涉實驗中，光波的波長為 550 nm，兩狹縫的間隔為
   2.20 μm，兩狹縫至屏幕的距離為 50.0 cm，則在屏幕上，中央干涉
   亮紋與第一干涉亮紋的中心，其間隔為何？（5 分）

九十一年度指定科目考試物理科試題詳解

壹、單一選擇題　甲

1. **E**

【解析】y 方向自由落體

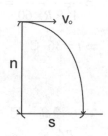

$$\Rightarrow h = \frac{1}{2}gt^2$$

$$t = \sqrt{\frac{2h}{g}}$$

$\Rightarrow$ 高度相同

$\therefore$ 飛行時間相同 ………… (D)

x 方向等速度運動

$$S = V_0 t = V_0 \sqrt{\frac{2h}{g}} \quad \propto V_0$$

$\therefore$ 甲的水平射程較遠 ………… (A)

(B) 由力學能守恒知

$$\frac{1}{2}mV_0^2 + mgh = \frac{1}{2}mV^2$$

$\Rightarrow \because$ A 的初速較大　$\therefore$ 落地時動能較大

(C) 加速度均為 g　$\therefore$ 相等

(E) y 方向為自由落體

$\Rightarrow V_y = gt$

$\because$ t 相同　$\therefore V_y$ 相同

即速度的鉛直分量相同

2. **E**

【解析】$p = I^2 R$

$$p = \frac{w}{t} \Rightarrow w = p \times t = I^2 R t$$

假設 C 為氣體的熱容量

$$\Rightarrow \frac{2^2 \times R \times 30}{4^2 \times R \times 60} = \frac{C \times (22 - 20)}{C \times (t - 20)} \Rightarrow \frac{1}{4 \times 2} = \frac{2}{t - 20}$$

$$\Rightarrow t = 36\,^{\circ}C \qquad （C 表熱容量）$$

3. **A**

【解析】∵ 一邊高，另一邊低　⇒ 兩端開口（自由端）

$$L = \frac{n\lambda}{2} \ （n = 1，2，\dots） \qquad f = \frac{V}{\lambda} = \frac{nV}{2L}$$

$$\Rightarrow V = 1 \ m/s；L = 0.75m$$

$$n = 1 \Rightarrow f = \frac{V}{2L} = \frac{1}{1.5} = \frac{2}{3} = 0.67$$

$$n = 2 \Rightarrow f = \frac{2V}{2L} = \frac{1}{0.75} = \frac{4}{3} = 1.33$$

$$n = 3 \Rightarrow f = \frac{3V}{2L} = \frac{3}{1.5} = 2$$

$$n = 4 \Rightarrow f = \frac{4V}{2L} = \frac{4}{1.5} = \frac{8}{3} = 2.67$$

$$n = 5 \Rightarrow f = \frac{5V}{2L} = \frac{5}{1.5} = \frac{10}{3} = 3.33$$

$$n = 6 \Rightarrow f = \frac{6V}{2L} = \frac{6}{1.5} = 4$$

$$n = 7 \Rightarrow f = \frac{7V}{2L} = \frac{7}{1.5} = \frac{14}{3}$$

4. **A**

【解析】 $E = 0.5\sqrt{2} \times 2$

$\quad\quad\quad = 1.4$

5. **C**

【解析】 $\varepsilon = \Delta V_L + \Delta V_D$

$\quad\quad 1.5 = \Delta V_L + 0.4 \Rightarrow \Delta V_L = 1.1$

$\quad\quad \therefore P_L = IV = 2 \times 1.1$

$\quad\quad\quad\quad = 2.2 \text{ (mW)}$

6. **B**

7. **E**

【解析】 等速移動：$F\cos\theta = f_k$

$\quad\quad$ 不轉動以軸心為支點

$\quad\quad \therefore f_k \cdot R = F \cdot r \Rightarrow F\cos\theta \cdot R = F \cdot r$

$\quad\quad \therefore \cos\theta = \dfrac{r}{R}$

8. **A**

【解析】 平衡：左右兩邊壓力相同：$(P)V = nR(T) \Rightarrow V\alpha n$

$\quad\quad$ 原來：$PV = nRT \Rightarrow n_左 : n_右 = 6 : 1$

$\quad\quad$ (A) 左室最後體積 $= \dfrac{6}{7}V$

$\quad\quad$ (B) 均為 T

$\quad\quad$ (D) 1 : 1

$\quad\quad$ (E) 左室為右室之 6 倍

9. **B**

　　【解析】　(B) 動量守恆爲碰撞瞬間之動量守恆與下滑過程中
　　　　　　　 無關。

10. **D**

　　【解析】　$\lambda = 200nm = 2000 \text{Å}$

　　　　　　　$\therefore E = \dfrac{12400}{2000} = 6.2 \ (\text{e.V})$

　　　　　　　$\therefore E_k = E - 0.9 = 6.2 - 4.2 = 2 \ (\text{e.V})$

　　　　　　　$= 2 \times 1.6 \times 10^{-19} \ (\text{joul})$

　　　　　　　$= 3.2 \times 10^{-19} \ (\text{joul})$

貳、單一選擇題 乙

11. **B**

　　【解析】　(A) $w = \Delta E_k = \dfrac{1}{2}mv^2$

　　　　　　　(B) $f_k = ma \Rightarrow a = \dfrac{f_k}{m} \Rightarrow v = at$

　　　　　　　　　　$\Rightarrow t = \dfrac{mv}{f_k} = \dfrac{mv}{\mu_k mg} = \dfrac{v}{\mu_k g}$

　　　　　　　(C) (D) 應爲向右之動摩擦力

　　　　　　　(E) 摩擦力 $= 0$（$\because$ 等速運動）

12. **D**

　【解析】　$\Delta E_k = W_F - W_{kx}$

$$\frac{1}{2} \times |x| - \frac{1}{2} \times 1 \times 0.5$$

$$= \frac{1}{4} = 0.25 \ (\text{J})$$

　　　∴ 動能增加 0.25J ⋯⋯⋯ (D)

　　(A) ∵ $\Delta E_k \neq 0$　∴ 合力作功不為零

　　(B) 彈簧力作負功（∵ 與位移方向相反）

$$= \frac{1}{2} \times (-0.5) \times 1 = -\frac{1}{4} (\text{J})$$

　　(C) $U_k = \frac{1}{2} kx^2$

$$\Rightarrow \Delta U_k = U_{k\text{末}} - U_{k\text{初}}$$

$$= \frac{1}{2} k \times 1^2 - 0$$

$$= \frac{1}{2} k$$

又由彈簧彈力 $\vec{F}_彈 = -k\vec{x}$ 知當施力 $(-0.5N)$ 時

位移為 $(+1) \, m$

$$\therefore -0.5 = -k \times 1 \Rightarrow k = 0.5$$

$$\Rightarrow \Delta U_k = \frac{1}{2} k = \frac{1}{4} \quad \text{所以位能增加 } 0.25\text{J}$$

　　(E) ∵ $\Delta E_k > 0$

　　　∴ 速度不會愈來愈慢

13. **E**

【解析】　注意：圖 9 之水量比圖 8 之水量少了物體體積之水量

∴ 指針 $= W + mg - \rho_0 Vg$

14. **A**

【解析】　由圖知 $\Delta V_{甲} = V \Rightarrow \therefore I_{甲} = 0.25 Amp$

$\Delta V_{乙} = \Delta V_{丙} = 1.5V \Rightarrow I_{乙} = I_{丙} = 0.2 Amp$

(A) $R = \dfrac{V}{I} = \dfrac{3}{0.25} = 12\Omega$

(B) $R_{乙} = \dfrac{1.5}{0.2} = 7.5\Omega$

(C) $P_{甲} = IV = 0.25 \times 3 = 0.75$

(D) $P_{乙} = IV = 0.2 \times 1.2 = 3$

15. **D**

【解析】　$\Rightarrow 2T = mg$（假設 A 為線圈重）

當 CD 段電流為 i 時，

張力為 aT 且（$0 < a < 1$）

表示 CD 段電流對線圈 A 所造

成的磁 t 方向指出紙面，故知

CD 段電流方向為 D 流向 C

$\Rightarrow$ 由 $B = \dfrac{\mu_0 i}{2\pi d}$　　　$F_B = I\ell B$ 知

線圈 A 所受磁力合力為 $F_B = I\ell\left(\dfrac{\mu_0 i}{2\pi h} - \dfrac{\mu_0 i}{2\pi(2h)}\right)$

$\Rightarrow F_B = I\ell \times \dfrac{\pi_0 i}{4\pi h}$

又 $F_B + 2aT = mg$ ；且 $mg = 2T$

$$\Rightarrow F_B = mg - 2aT = 2T - 2aT = 2(1-a)T$$

當 CD 段電流為 i' 時張力為零，

即此時 $F_B' = I\ell B' = mg$

又 $B' = \dfrac{\mu_0 i'}{2\pi h} - \dfrac{\mu_0 i'}{2\pi(2h)}$　$\Rightarrow F_B' = I\ell \times \dfrac{\mu_0 i'}{4\pi h} = mg = 2T$

$$\Rightarrow \frac{F_B}{F_B'} = \frac{I \times \ell \times \dfrac{\mu_0 i}{4\pi h}}{I\ell \times \dfrac{\mu_0 i'}{4\pi h}} = \frac{2(1-a)T}{2T} \Rightarrow 1-a = \frac{i}{i'}$$

而由於電流方向為 D 流向 C

$$\Rightarrow V_D > V_C \quad \therefore V_C - V_D \text{ 為負}$$

16. C

【解析】 1. 若人向左速度 $V_\text{人}$

　(a) $340 \times 3 = d - V_\text{人} \times 3$

　(b) $340 \times 2 = d - 40 \times 7 - V_\text{人} \times 7 - V_\text{人} \times 2$

　　由 (a) 知 $\Rightarrow d = 1020 + V_\text{人} \times 3$

　　$\therefore 340 \times 2 = 1020 + 3V_\text{人} - 280 - 9V_\text{人}$

　　$\therefore 6V_\text{人} = 1020 - 280 - 680 \quad \therefore V_\text{人} = 10$

2. 若人向右速度 $V_\text{人}$

　(a) $340 \times 3 = d + 3V_\text{人}$

　(b) $340 \times 2 = d - 40 \times 7 + 7V_\text{人} + 2V_\text{人}$

　　由 (a) 知：$d = 1020 - 3V_\text{人}$ 代入 (b)

　　$\therefore 340 \times 2 = 1020 - 3V_\text{人} - 280 + 9V_\text{人}$

　　$\therefore 6V_\text{人} = -60$（不合）

(B) $f' = \dfrac{340 + 10}{340 - 40} \times 60 = 70$

17. **C**

【解析】　$f = \dfrac{1 \le Qq}{r^2} = \dfrac{mv^2}{r}$　　　$v = \dfrac{2\pi kQq}{nh}$

$mvr = \dfrac{nh}{2\pi}$　$\Rightarrow r = \dfrac{n^2 h^2}{4\pi^2 mkQq}$

$\therefore$ 總能 $= -E_k = -\dfrac{1}{2}mv^2 = \dfrac{2\pi^2 mk^2 Q^2 q^2}{n^2 h^2}$

$T = \dfrac{2\pi r}{v} \Rightarrow f = \dfrac{v}{2\pi r} = \dfrac{4\pi^2 mk^2 Q^2 q^2}{n^3 h^3}$

$\therefore E = -\dfrac{1}{2}nhf$

18. **D**

【解析】　設 θ 爲臨界角

$\Rightarrow n \sin\theta = 1 \Rightarrow \sin\theta = \dfrac{1}{n}$

$\therefore r\tan\theta + R\sin\theta \cdot \tan\theta + R\cos\theta = D$

$\Rightarrow r \times \dfrac{1}{\sqrt{n^2-1}} + R \times \dfrac{1}{n} \times \dfrac{1}{\sqrt{n^2-1}} + R \times \dfrac{\sqrt{n^2-1}}{n} = D$

$\Rightarrow r + \dfrac{R}{n} + \dfrac{n^2-1}{n} - R = D\sqrt{n^2-1}$

$\Rightarrow r = D\sqrt{n^2-1} - \dfrac{R}{n} - \dfrac{n^2-1}{n}R$

$= D\sqrt{n^2-1} - \dfrac{R}{n} - nR + \dfrac{R}{n}$

$\therefore r = D\sqrt{n^2-1} - nR$

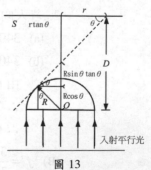

圖 13

參、計算題

1.【解答】　(a) 依動量守恆

$$船之動量 = m_0 \vec{v}_0 = (M + 2m) \cdot \vec{v}_1 \Rightarrow \vec{v}_1 = \frac{m_0 \vec{v}_0}{M + 2m}$$

(b) 依動量守恆

乙接到甲所擲之球後的動量 $= 2m_0 \vec{v}_0$

$$\therefore 2m_0 \vec{v}_0 = (M + 2m + m_0) \cdot \vec{v}_2 \Rightarrow \vec{v}_2 = \frac{2m_0 \vec{v}_0}{M + 2m + m_0}$$

2.【解答】

$$y : N \sin\theta = mg \Rightarrow N \frac{mg}{\sin\theta}$$

$$x : F_c = N \sin\theta = mg \cot\theta$$
$$= m \cdot h \cdot \sin\theta \cdot \omega^2$$

$$\therefore \omega = \sqrt{\frac{g \sin\theta}{h \sin^2\theta}}$$

3.【解答】

$$v_{末}^2 = v_0{}^2 + 2as$$
$$\Rightarrow v_{末} - \sqrt{2a \times d}$$
$$\varepsilon = \ell \vee B$$
$$= \ell \times \sqrt{2ad} \times \sqrt{B}$$

$$\Rightarrow i = \frac{\varepsilon}{R} = \frac{\ell B \sqrt{2ad}}{R} \quad （方向為逆時針）$$

4.【解答】

$$\frac{r\lambda}{d} = \frac{550 \times 16^{-7} \times 50.0}{2.20 \times 10^{-4}}$$

$$= 12500 \times 10^{-3}$$

$$= 12.5 \ (\mu m)$$

九十一學年度指定科目考試（物理）

大考中心公佈答案

題　號	答　　案	題　　號	答　　案
1	E	16	C
2	E	17	C
3	A	18	D
4	A		
5	C		
6	B		
7	E		
8	A		
9	B		
10	D		
11	B		
12	D		
13	E		
14	A		
15	D		

九十一學年度指定科目考試
各科成績標準一覽表

科　　目	高　標	均　標	低　標
國　　文	52	43	33
英　　文	55	36	18
數　學　甲	62	45	27
數　學　乙	65	46	26
化　　學	55	35	16
物　　理	30	17	5
生　　物	58	42	26
歷　　史	61	47	33
地　　理	66	53	40

※ 以上三項標準係依各該科全體到考考生成績計算，且均取整數(小數
　 只捨不入)，各標準計算方式如下：
　 高標：該科前百分之五十考生成績之平均。
　 均標：該科全體考生成績之平均。
　 低標：該科後百分之五十考生成績之平均。

心得筆記欄